跨文化视角下
对外汉语教学理论与实践

陈东平 / 著

中国原子能出版社

图书在版编目（CIP）数据

跨文化视角下对外汉语教学理论与实践 / 陈东平著
. -- 北京 ：中国原子能出版社，2021.9
ISBN 978-7-5221-1574-0

Ⅰ．①跨… Ⅱ．①陈… Ⅲ．①汉语—对外汉语教学—
教学研究 Ⅳ．① H195.3

中国版本图书馆 CIP 数据核字（2021）第 190342 号

跨文化视角下对外汉语教学理论与实践

出版发行	中国原子能出版社（北京市海淀区阜成路 43 号　100048）
策划编辑	杨晓宇
责任印刷	赵　明
装帧设计	王　斌
印　　刷	天津和萱印刷有限公司
经　　销	全国新华书店
开　　本	787mm×1092mm　　　1/16
印　　张	11.875
字　　数	220 千字
版　　次	2021 年 9 月第 1 版
印　　次	2022 年 1 月第 1 次印刷
标准书号	ISBN 978-7-5221-1574-0　　　　**定　价** 68.00 元

网　址: http//www.aep.com.cn　　　**E-mail:** atomep123@126.com
发行电话: 010-68452845

作者简介

陈东平，女，汉语国际教育硕士，云南工商学院讲师，主教课程《跨文化交际》与《外国文学》。从事对外汉语教学10年，曾到英国伦敦大学教学学院孔子学院公派两年。对跨文化交际教学有一定教学经验。爱好书法，喜欢旅行。个人座右铭：积极生活首先是踏访已知环境的热忱；其次是探测未知环境的勇敢；最后是从自己和环境的斡旋中找到乐趣。

前　言

　　学习一种语言，不仅要掌握语音、词汇、语法，同时还要了解语言所反映的文化信息，这点已经成为第二语言教学界的共识。虽然文化教学受到了重视，但在实践中仍然有许多问题。如在课堂教学中，文化依旧以"第五技能"游离于中心课堂之外，很多教师在教授文化的过程中更多的只是涉及文化的表层。汉语教学应该与文化教学相结合已成为共识，可是实践的过程中却发生了这么多问题，因而，对于文化该怎么教，怎样教才能取得好的成效，正是本书思考的问题。

　　全书共五章。第一章为对外汉语教学中的语言理论，主要阐述了语言理论与对外汉语教学、语言学科分支与对外汉语教学、语言习得理论与对外汉语教学等内容；第二章为跨文化视角下的对外汉语教学发展，主要阐述了对外汉语教学中的跨文化交际理论、跨文化视角下对外汉语教学的历程、跨文化视角下对外汉语教学的现状、跨文化视角下对外汉语教学的意义等内容；第三章为跨文化视角下汉语语言要素教学，主要阐述了汉语语音教学、汉语词汇教学、汉语语法教学、跨文化交际与文化教学等内容；第四章为跨文化视角下汉语语言技能教学，主要阐述了汉语综合技能教学、汉语听力技能教学、汉语口语技能教学、汉语阅读技能教学、汉语写作技能教学等内容；第五章为后疫情时代的对外汉语线上教学，主要阐述了对外汉语线上教学平台的现状分析、疫情之下对外汉语线上教学的组织与实施、后疫情时代对外汉语教学的思考与转变等内容。

　　为了确保研究内容的丰富性和多样性，在写作过程中参考了大量理论与研究文献，在此向涉及的专家学者们表示衷心的感谢。

　　最后，限于作者水平有不足，加之时间仓促，本书难免存在一些疏漏，在此，恳请同行专家和读者朋友批评指正！

作　者

2021 年 1 月

目　录

第一章　对外汉语教学中的语言理论

理论是学科的立足之本，任何一门专门的学科都会有自己的学科理论，汉语教学，尤其是对外汉语更加不能例外。对外汉语教学对于文化的发展有着推动作用，使中华文化传播到世界各处。因此，应该加强对对外汉语中语言理论的研究。本章主要分为语言理论与汉语教学、语言学科分之与汉语教学、语言习得理论与汉语教学三部分，主要内容包括：语言学理论与对外汉语教学的关系、认知语言学与对外汉语教学、二语习得等方面。

第一节　语言理论与对外汉语教学

一、语言理论与对外汉语教学的关系

"相辅相成，共同作用"是对语言学理论与对外汉语教学之间关系的诠释。语言学理论作为对外汉语教学的一个基础而存在，是汉语教学者必须牢固掌握的理论知识，也是汉语学习者要深刻了解的知识内容体系。在一定程度上，语言学理论推动了对外汉语教学事业的蓬勃发展，对外汉语教学也促进了语言学理论的不断发扬与壮大二者之间共同促进，从而使得汉语被更好传承，以及得到了世界上汉语爱好者的认可，加快了汉语走向世界的步伐，使汉语在国际社会上拥有更大的话语权。

二、语言理论对对外汉语教学的重要作用

（一）语言理论对对外汉语教学有重要的指导作用

语言理论是对外汉语教学的基本理论之一，对对外汉语教学有着重要的指导作用和启示作用。一般而言，语言理论可以从微观和宏观两个方面指导和影响对外汉语教学。

1

从微观上看，对语言事实的描写，包括关于语音、词汇、句型、语法、语用规则等的描写和有关的定量分析，对语言教学的总体设计、教材编写、课堂教学和测试等具体教学实践活动有着直接的指导作用，是这些具体教学实践活动所不可缺少的理论依据；任何一部语言教材都包含着编者对所教语言的规律和规则的认识以及或详或略、或明或暗的描写。

从宏观上看，对语言本质、特点的论述及描写，是认识语言学习和语言教学的本质不可缺少的理论依据，任何一种语言教学理论和语言教学法流派都要以一定的语言理论作为自己的理论背景，如认知法的语言学基础是转换生成语言学，功能法的语言学基础包括社会语言学和语用学，听说法的语言学基础是结构主义语言学等。

（二）语言理论是对外汉语教学的语言学基础

语言理论是对外汉语教学的语言学基础，没有语言理论，对外汉语教学就会寸步难行。对外汉语教学的学科理论可以归结为基础理论和教学理论两个方面，基础理论包括语言理论、语言学习理论和一般教育理论，也就是说，语言理论是基础理论中的一部分。而且，对外汉语研究可以分为认识论、本体论、工具论和方法论四个层面，其中，本体论层面主要从事汉语本体研究，其理论基础是语言学，解决的是教什么、怎么教的问题。

第二节 语言学科分支与对外汉语教学

一、认知语言学理论与对外汉语教学

（一）隐喻理论与对外汉语教学

1. 隐喻理论

（1）隐喻的定义

虽然不少学者对于什么是隐喻有所涉及，如亚里士多德、昆体良、理查兹（Richards）、莱考夫和约翰逊（Lakoff & Johnson）、胡壮麟、束定芳、殷融等，但其观点不尽一致。昆体良认为隐喻是用一个词去替代另一个词的修辞现象。理查兹认为，隐喻是两个概念的并置，通过彼此的互动产生一个新的意义。莱考夫和约翰逊认为，"隐喻能让我们从另一个经验域来理解某一个经验域"。

莱考夫和约翰逊认为隐喻不仅仅是传统上的语言的修辞手段，隐喻实质上是人类认识和表达世界的一种普遍方式，人们的思维、感知和行为方式在很大程度上都受隐喻的影响。Bipin Indurkhya认为隐喻的定义可以分为广义和狭义两类，狭义的隐喻指的是用特定的词或者短语的形式进行隐喻，广义的隐喻则指的是事物的一个概念化的过程；同时他还认为隐喻是一个表达式，主要分为被描写的对象和不能常规地应用的概念两部分，前者是目标，后者是始源。赵艳芳提出隐喻不仅是语言的，而且是心理的。人类的隐喻认知系统以及通感的作用构成了隐喻的心理基础。束定芳认为隐喻是一种认知活动，它是所用语言字面意义与语境发生冲突时所选择的与语境相符的另一种理解。殷融认为，隐喻在大多数情况下是自动化的、人们往往注意不到的。隐喻义可以成为词的本义，并且人们要想表达这些概念，就只能通过隐喻。

（2）隐喻的类型

对隐喻的研究进入认知学领域后，学者们从隐喻的表现形式、功能和效果、认知特点等角度，把隐喻划分成了不同的类型，其中莱考夫和约翰逊的分类被广泛采用。莱考夫和约翰逊根据始源域的不同，将概念隐喻分为三大类：空间隐喻、实体隐喻和结构隐喻。空间隐喻指以空间为始源域，通过将空间结构投射到非空间概念上，赋予该非空间概念一个空间方位。人们将其他抽象的概念，如情绪、身体状况、数量、社会地位等投射于具体的方位概念上，形成了用表示方位的词语表达抽象概念的语言。实体隐喻指将抽象的和模糊的思想、感情、心理活动、事件、状态等无形的概念看作具体有形的实体，因而可以对其进行谈论、量化、识别其特征及原因等。实体隐喻最典型的和具有代表性的是容器隐喻。结构隐喻是指以一种概念的结构来构造另一种概念，使两种概念相叠加，将谈论一种概念的各方面的词语用于谈论另一概念，于是产生了一词多用现象。

另外，莱考夫和约翰逊还根据规约程度的不同将语言中的隐喻表达分为两大类：规约隐喻和新鲜隐喻。规约隐喻也称"死隐喻"，指的是那些自产生以来已为相当一部分语言使用者所认可和接受、成为日常语言的一部分的隐喻，它们的隐喻来源已鲜有人能忆起，其中很多甚至已经词汇化了。新鲜隐喻指的是那些任何一个语言使用者随时都可以创造出来的隐喻，可以是那些刚刚被制造出来的隐喻，也可以是那些虽已存在一段时间，但尚未被大部分语言使用者所认可的隐喻。在文学作品和流行歌曲的歌词中多为新鲜隐喻。

（3）隐喻的特点

第一，隐喻的普遍性。正如莱考夫和约翰逊所说，隐喻在人类日常生活中普遍存在，它不仅存在于语言中，也存在于人类的思维和行为中。人类总是通过自己熟悉的事物来认识另一事物，不论在什么文体中我们都比较容易发现隐喻的存在，如"山脚""桌腿""山腰""山头"等词都是通过隐喻的手段形成的。

第二，隐喻的认知性。隐喻的认知性是隐喻的根本属性，也是隐喻最重要的属性，隐喻是人类认识世界的一种普遍的思维方式。胡壮麟认为，如果要认识和描写新事物要联系已有的知识和经验，有时还要依赖自身的创造力。束定芳认为，隐喻从本质上讲是一种认知活动，在人类思维初创时期，人们对世界的认识比较模糊，对于有生命和无生命的事物的界限分得不是那么清楚，并且当时的语言不是那么的丰富，表达抽象概念的词语缺乏，因此要借助隐喻认知功能。我们认为，隐喻不仅仅是一种语言现象，更是人类理解周围事物和形成概念的工具，具有重要的认知功能。人们根据在已知的、熟悉的、具体的领域所获得的知识来掌握不熟悉的、抽象领域的经验。以"地震"为例，在人们认识世界的过程中，用"地震"来表达具体的自然现象很容易。但是"社会大规模的变动的形势"这样抽象的事物和现象该如何表达？显然，这需要借助隐喻。人们可以参照熟悉的、具体的事物去认识、理解、描述陌生的、抽象的事物，通过隐喻映射，在已知和未知之间建立起一定的联系。在对"地震"这一自然现象深入认识的基础上，人们也可以用这个词来表达"社会大规模的变动形势"。

第三，隐喻的系统性。隐喻不同于比喻等修辞，隐喻具有系统性。莱考夫和约翰逊认为隐喻具有系统性。隐喻的系统性主要表现在隐喻的映射有选择性、隐喻表达方式和概念隐喻之间成系统的联系、隐喻结构具有层级性等方面。具体说来，首先，源域向目标域映射的过程中，源域的特征是有选择地、系统地映射到目标域之中的，成为一个系统，对源域中与表达意图不相关的特征进行隐藏和回避。其次，隐喻的表达方式和隐喻是成系统地联系在一起的，每一个概念隐喻系统具有一定的系统性的隐喻表达方式。最后，在概念隐喻的过程中，低层级结构的映射继承了高一层级映射的特点，整个隐喻结构呈现出一定的层级性。

2．隐喻理论在对外汉语教学中运用的优势

（1）助于拓展学生的词汇量

在对外汉语词汇教学的过程中，我们可以利用词汇中的隐喻现象，逐步强化学生的隐喻思维，使他们在学习汉语的过程中由对一个词的掌握和理解拓展到对一类词的掌握和理解。例如，在讲解诸如"冰"类词的时候，可以结合其

隐喻类型，对词汇进行分类教学。

（2）有助于提高学生的交际能力

对外汉语教学的目的是培养学生的交际能力，在交谈的过程中，人们时时刻刻都在应用着隐喻。第二语言学习者不同于母语者，对于语言中的隐喻现象如果不能很好地凭借自身的经验和文化价值观进行理解，就会导致学生在实际交际的过程中出现一些词不达意或者难以理解与母语者进行交流的情况。将隐喻理论引入对外汉语教学，通过对语言中文化背景知识的学习以及语言中隐喻现象的了解，有助于提高学生的汉语交际能力。

（3）有助于丰富学生的表达方式

以"月亮"为例，该词在汉语中有多种表达方式，如"冰娥""冰轮""冰蟾"等。将这些表达引入课堂教学实践，既可以揭示汉语表达的多样化的特点，也可以丰富学生的表达方式，增加其学习汉语的积极性。

3．隐喻理论在对外汉语教学中运用的建议

（1）结合学生的个体差异

外国学生对于汉语的学习除了遵循一般的第二语言习得规律外，学生的个体因素对于语言的习得也有很大的影响。主要有三个方面：一是生理因素。学生年龄不同对事物的认识以及对百科知识的掌握程度等可能会存在差异，性别不同对事物的感性认识也可能不同。上述个体因素会对其进行隐喻的构建和解读产生影响。二是学习策略和交际策略的不同。学习策略和交际策略的不同对于隐喻的接受程度也会产生影响。三是学习动机。学习动机的强弱与否对学生的隐喻习得也会产生是影响。教师应该结合学生的个体差异有选择地讲解词汇的隐喻义，不能一次性地将词汇所有的隐喻义全部介绍给学生。

（2）结合文化教学

首先是民族文化价值观和文化背景知识，文化价值观对人类的认知有着很重要的影响，它在隐喻构建和解读过程中起着至关重要的作用，因此在对外汉语教学的过程中，文化教学是十分必要的一项。汉语中很多隐喻表达都植根于一定的文化背景，外国学生可能很难理解。这需要教师向学生介绍相关的文化背景知识或者让感兴趣的同学自己去查资料，探索为什么会如此表达。以"冰"为例，该词在汉语文化中代表着清白、高傲的气节，与傲视风霜的"梅"相似，介绍冰的隐喻义时，不能忽略与其相关的文化背景，只有让学生了解了中国文化中关于冰的价值取向等问题，才能使他们比较全面深入地掌握冰的各个隐喻义。再比如，中国人对孝顺的看重、对于人与人之间和谐关系的维持、面子理论等相关的隐喻表达，也都需要学生对于中国文化有基本的了解才能正确掌握。因此隐喻的讲授也要结合文化教学。在具体教学实践中对代表性的文化知识进行讲解不仅有助于让学生对中国的社会状况、宗教信仰、风俗习惯、审美情趣、思维方式和心理态势有一个基本的了解，而且对词汇教学，尤其是跟隐喻相关的语词的教学也很有帮助。

（3）注重文化差异性

在中国用"冰"表示纯洁，而西方文化中用"水晶"表示纯洁透明。这是由于不同民族的生活实践、文化价值观、民族性格的不同。学生们只有了解中国文化的思维方式，才能在交际过程中正确选用词汇。不能用本民族的文化价值取向来代替目的语文化中的价值取向。教师在进行文化教学的过程中需要注意，国内外的文化差异。比如中国文化中的神仙代表的是一种圣洁、超然物外的品质。而国外的神仙的特征在人们心中可能并不是这样，在进行文化教学的过程中教师需要注意文化差异性。例如，在中国文化中"冰"是傲然风骨的代表，是不染尘埃的赤子之心，可是在外国学生心中，"冰"就只是冰，如果对于中国文化没有准确的认知，对于隐喻的构建和解读就会出现差错。文化的差异性在跟动物有关的一些词上有比较突出的表现，如"你真是头懒猪""你真是个牛脾气""望子成龙，望女成凤""狗改不了吃屎"等。在中国文化中跟狗有关的语词通常具有贬义，如狗急跳墙、狗改不了吃屎、落水狗、走狗等。但是在西方文化中，狗通常被看作是家人，跟狗有关的语词一般含有褒义，如"a lucky dog""a jolly dog"等。如果不了解中西文化的差异，学生在习得跟狗有关的语词时往往会产生困惑。对于此类问题，教师在教学实践中可以通过强化文化差异的方式，在讲清楚某个词在不同文化背景中的差异之后，将相关语词进行汇总，让学生对这一类蕴含着中华文化价值取向的语词有一个比较总体的把握，这样有助于学生拓展词汇量，减少记忆压力。

（4）培养学生从隐喻视角学习汉语的能力

人类在认识世界的方面具有共同经验，人的隐喻思维也是相通的，教师在教学中要善于发现并利用。师在培养学生的隐喻思维时要结合文化价值观的灌输。在教学实践过程中，要培养学生从事物的概念特征出发进行隐喻思维的能力。以"时间是金钱"这个隐喻为例。人类通过隐喻思维把金钱这个概念映射到时间这个概念域，把用来描绘金钱的各个性质的词用来描写时间。金钱是客观事物，在日常生活中必不可少，学生对与金钱这个概念有个人的理解和经验。教师可以借助学生对与金钱概念域的认识，讲解金钱的各个性质的表达方式。在学生掌握了金钱的隐喻性表达之后，引导学生将时间与金钱两个概念域相联系，借助表格等形式对于这两个概念域的隐喻表达方式进行对比和总结，使学生直观系统地了解相关隐喻的过程。

（二）图式理论与对外汉语教学

1. 图式与图式理论

（1）图式的定义

图式是指人脑中有组织、有网络的具有理论性的心理知识结构，它涉及人对某个范畴的事物的典型特征及关系的抽象，是一种包含了客观环境和事件的一般信息的知识结构。认知心理学家们则认为图式是一种框架、方案或脚本。例如，房间、床、书柜这样的客观物质实体就是所谓的框架；昨天、今天、明天这样顺序性事件的图式就是所谓的脚本。图式代表了不同但又有关联的事物之间的相通之处，从而简化了人类对客观环境和事物的分类与判断，减轻了人们的记忆和认知负担。

（2）图式的分类

目前关于图式的分类主要有内容图式、语言图式和形式图式三种。

第一，内容图式。内容图式是指关于实际知识、价值观念和文化准则的表征体系。套用在对外汉语中，就是指与汉语学习内容有关的社会文化背景知识。这种图式带有很强的文化独特性，它可以涵盖物品、事件和情景，内容复杂，种类繁多。在汉语中，词汇的语用义、文化附加义以及色彩范畴都受到中国文化准则和价值观念的长远影响。很多外国留学生在学习汉语词汇时不能理解一些具有特殊文化意义的词语，就是因为她们的母语图式中没有符合中国文化特色的内容图式。例如，"东西"这一合成词，在汉语中，"东西"一词具有丰富的文化涵义，既可作为具体物件、货物之代称，也可指代思想、概念抽象之物。除此之外，它最具文化色彩的便是用来指人，有憎恶、贬斥之义。这层语用色彩是其他语言所没有的。

第二，语言图式。语言图式指句子结构、语法变化和曲折、文字拼写和标点符号使用、词汇、连贯结构。在对外汉语词汇教学中，语言图式包括词语的基本释义、词的属性、基本用法等等。一直以来，无论是第二语言词汇教学还是对外汉语词汇教学，语言图式都是最重要的部分。

第三，形式图式。形式图式指不同样本的文本的修辞结构，如食谱、童话、研究性论文、教科书等。形式图式常表现为一种隐性知识的表征形式，它不表征问题中心图式的内容，而只是表征某一知识结构的某一方面形式。形式图式不同于内容图式，它是抽象的、自发形成的且不为人知的。存在于阅读理解中的词语猜测能力和抓住关键词能力就是形式图式在起作用，它能帮助学习者在短时间内能弄懂文章主旨，顺利地理解文章大义。

（3）图式的特征

第一，图式含有变异。在图式这一概念中，刺激信息在人脑中的结合是最核心的特征。人脑中已有的图式并非一成不变，而是具有某种变化。任何图式中都包括事物稳定的特征，也含有某种变化的特征。尽管某一范畴的图式含有不少一般的真实性，但图式中许多属性的值是可以改变的。例如，"汽车"这一图式中，轮胎、方向盘、燃油属于典型特征。但是不同的汽车具有不同的特征，如卡车和轿车就有很大的区别。

第二，图式具有层次性。图式可以按层级组织起来，并且一个图式本身又能嵌入到另一个图式之中。例如，有关汽车的图式本身含有"发动机、方向盘"等汽车附属部分的图式，而"汽车"这一图式又可以嵌入更为典型的"交通工具"这一图式中。可见，图式能表征不同抽象水平的知识。

第三，图式具有系统性。大的图式可以包含若干个与之相关的子图式，子图式是由一些不能再分割的亚图式组成，亚图式是图式的基础部分。例如，在"飞机"的图式中，包括"客机""战斗机""直升机"和"运输机"等许多小的图式。在"战斗机"这一小图式中，机身的武器装备就是亚图式。

第四，图式能够促进推论。安德森指出："在每一个图式中总含有一个特定的槽，即这一图式的上位集合。由于概念之间本身不可能是不相容的，因此一个概念总是继承了上位集合的特征。"也就是说，如果我们已经存了"汽车"的上位观念"交通工具"这一图式，那么我们可以推论出汽车有发动机、方向盘等特征。

第五，图式具有抽象性。图式所描述的并不是个体单独的事物定义，而是具有一定概括程度的知识，具有普遍意义。也就是说，图式既描述事物的必要特征，又包括其非必要特征。例如，"翅膀""羽毛""飞行"就概括了"鸟"这一图式的一般知识，构成了它的典型表征。

（4）图式理论的发展

第一，康德的"先验图式"。"图式"一词首次出现在康德的著作《纯粹理性批判》中，它是其哲学思想的核心概念。康德认为图式就是连接感性直观（客观对象）与知性（概念或范畴）的中介和纽带。图式的产生来源于人类的另一种能力——想象力。这种想象力被称为"先验想象力"，它能够在没有任何经验材料的情况下"生产"出某种东西，图式就是它的主要产品。由"先验想象力"引出的先验图式理论虽然没有明确的定义，但是它却在某种程度上推动了现代图式理论的发展，成为图式理论的基石。

第二，皮亚杰的"图式学说"。皮亚杰这样定义图式：图式是指动作的结构或组织，这些动作在同样或类似的环境中由于重复而引起迁移或概括。和康德对图式理解有所不同，皮亚杰认为每一个认知活动都包含有一定的认知发展结构，而结构就是由具有整体性的若干转换规律组成的一个具有自身调整性质的图式系统。"反射图式"是皮亚杰认知理论中的重要部分，如婴儿具有吮吸的反射图式，这种简单原始的图式来源于遗传，并且会在以后的发展过程中不断地变化并复杂化，从而形成多种图式的协调活动。皮亚杰从研究儿童心理发展的过程中发现图式的变化体现了认知的发展，而认知的发展又受到同化、顺应和平衡三个基本过程的影响。人们在遇到新事物、新概念或范畴时，总是会将其结合到原有的图式中，希望成为其中的一部分，这就是同化。如果同化成功，就会使认识与外界达成一致，形成暂时的平衡状态。例如，人们第一次看到海洋生物——鲸，会用原有图式（有关鱼的）来同化鲸这一刺激物，但是这种同化并没有成功，那么就需要创造一个能容纳这个刺激物的新图式或者修改原有图式以便刺激物能够符合这种图式，这就是顺应。图式就是通过同化和顺应不断发展的。皮亚杰的图式学说将认知论和心理学紧密地结合起来，促进了科学认知论的发展。同时也为图式理论的应用做了铺垫。

第三，现代图式理论。现代图式理论是在吸收了理性主义关于心理结构的思想和经验主义关于以往经历对心理具有积极影响的观点，又在信息科学、计算机科学和心理学关于表征研究所取得的新成果的基础上而产生的。现代图式理论的观点是：人的一生要学习和掌握大量的知识，这些知识并不是杂乱无章地存在人的大脑中，而是围绕某个主题相互联系起来形成一定的知识单元，这种单元就是图式。例如，人们看到苹果的图片，很快联想到苹果的种类、味道等很多与苹果有关的知识。自20世纪以来，现代图式理论不再停留于理论阶段，而是将理论充分运用在实践领域中。在第二语言教学领域中，图式理论被广泛地应用于阅读、听力、写作、词汇、跨文化交际等诸多方面。给第二语言教学与习得增添了新动力，带来了新思路和新方法，为巩固和提高学习者的语言能力提供了坚实的理论依据。

2．图式理论在对外汉语教学中的运用

语言的学习也是不断地吸收新信息的过程，我们可以在对外汉语教学中有意识地运用图式理论进行教学，可以帮助学生更好更快地学习。

（1）新知识的理解基于已有图式

从图式的角度讲，就是说大脑中与新知识有联系的相应图式缺失或者存在不完全。学生进行学习是在已有图式的基础之上对新知识进行理解、加工、整合，最后达到新旧知识融合的过程，如果已有的图式与新知识的联系没有那么密切，那么学习新知识时学生就会感觉很困难。这在皮亚杰的认知发展理论中得到了支持。皮亚杰认为认知发展是机体对环境适应的过程，图式是个体具有的适应环境的认知结构。而把新的知识体验纳入已有图式的过程叫作同化。新知识在已有图式基础之上被理解，最终同化入图式，使图式的容量扩大。由此可见，学生已建立起来的图式在学生接受新知识的过程中占有举足轻重的地位，决定着学生对新知识的接受能力。

（2）了解学生大脑中存在的已有图式是进行教学的必要基础

我们在进行教学活动时，对于学生头脑中的非语言图式也是不能忽视的，教学内容应符合学生现有水平，不应超越其已有图式的范围，否则将无法理解根据维果茨基（Lev Vygotsky）的最近发展区的概念来看，最近发展区是学生现有的在独立活动时所能达到的解决问题的水平和通过教学所获得的潜力之间的差距区间。教授的知识不应该超过或低于该区域，不可以太容易也不可以太难，否则学生将难以提高或者不容易理解新知识，教师应根据不同的情况选定不同的教学方案。

（3）能否激活学生头脑中所存在的图式是教学中至关重要的一步

首先，教师应该对学生与以引导，鼓励学生探求新知识与已有知识之间的联系。人所学到的知识只有在被用到时才会浮现出来，教学中先引导学生回忆以前学习的相关内容，然后再与即将进行教学的内容进行类比和比较，不仅可以激活，而且也可以巩固相关图式，从而也利于学生对 新知识的理解。

其次，授课中适时的提醒学生，充分利用比喻和联想的手法也利于相关图式的激发。可以通过课程内容与生活经验、图片、声音、甚至味觉等方面之间的联想和比喻，激活已有图式。例如，在教授学生"辣"一词时，给他展示辣椒的图片，激发他头脑中的辣椒图式，那么他很快就会明白"辣"的意思了。

最后，教师尽量使课堂气氛活跃，使学生愿意主动地参与课堂，而不是被动地接受，这样才能积极调动头脑中的图式。可以设计一些有趣的教学环节，提高学生的注意力，也可以采用一些竞赛或者奖励的方法。

（4）帮助学生升级和巩固头脑中的图式

同化就是在平衡被打破的时候，可以将新的认知归入到已有图式中，使图式得到量上面的丰富；当新的认知无法被归入到已有图式时，就需要对已有图式进行调整以顺应新的认知，是原有图式有了质的改变。例如，在讲授"了"的用法时，"了"有"了$_1$"，"了$_2$"和"了$_3$"，以前学生学只过"了$_1$"作为动态助词位于句中的形容词和动词之后的用法后表示变化的用法，像"写了一封信"，在遇到一个新句子"美极了！"即"了$_2$"作为语气助词的用法时，就会发生认知上的冲突。"了$_1$"的图式无法将新的信息融入，那么这个时候就需要对"了"的图式 进行调整，进而有了"了$_2$"的认知。之后在遇到另外一个句子"外面下雪了"，即"了$_3$"位于句末动词形容词和动词之后，表示变化和语气的用法时，虽然这种用法和之前两种不一样，但是"了$_1$"和"了$_2$"的加和，可以同化到以前由"了$_1$"和"了$_2$"共同组成的"了"的图式中，并使"了"的图式得到丰富和发展。

二、语用学与对外汉语教学

（一）语境与对外汉语教学

1. 语境概述

语境这一概念由英国语言学家马林诺夫斯基（Malinowski）提出，该学者认为没有语境，话语就没有意义。由马林诺夫斯基开始，语言学界针对"语境"历经了几十年的理论研究，目前学界已然达成了一个共识，认为从字面含义来理解语境就是语言表达的一种环境。换句话说，语境不仅包含一篇文章或者一段对话中的某句话的上、下部分或者上下段落这些语言因素，语境还可以是诸如表达者的文化背景、社会经验、言语场合以及表达时的语气、情绪之类的非语言因素。

随着对外汉语教学的兴起和发展，对于语境的研究也渗透到了留学生们对汉语学习的各个环节之中。最重要的是，无论表达者使用的是哪种语言，都需要结合该种语言的文化特色和特定的使用情境来综合进行准确并且富有感情的表达。也就是说没有任何一门语言的表达和使用是可以脱离语境而单独完成的。由此可见，语境对于学习汉语的学生而言是至关重要的。

2．语境的功能

（1）选择功能

语境的选择功能指在主客观因素的影响下，选择合适的语言进行交际。在日常交际中，由于时间、地点、场合等客观因素的不同，从而影响交际中词语的选用。例如，根据表达方式的不同，选择具有书面语色彩的词语或者口语色彩的词。在正式或非正式场合所运用的词语也有所不同。在表达相同意思时，由于主体情感不同，也要选择符合当下说话者感情的词语，比如当想要表示"一件事的结局"可用"成果—结果—后果"来表达，但是三者的感情色彩有所不同，分别属于褒义词、中性词、贬义词。除了非语言因素制约外，在词语的语法功能限制下，选择功能在词语搭配上也有所体现，不同的词语要选择合适的词语与之搭配，如"交换和交流"，其搭配对象有具体和抽象的区别。

（2）解释功能

语境的解释功能，指的是语境帮助解释、明确一些语言的能力。

一是解释语音，如"得"是个多音字，在不同语境下，语音能指转变为所指：在词语"得意洋洋"中，"得"发音为"dé"；在"好得很"中，"得"发音为"de"；"得喝水了"中的"得"发音为"děi"。

二是解释词性，在日常交流或作品阅读中，会遇到某些句子、句式需要从词性角度进行分析理解，以避免出错曲解其意，而语境便可帮助其确定、解释词性。

三是解释词义，一个词语，只有放入语境中，才能显示其准确含义。例如，"一会儿"和"一下子"都是表示时间很短暂，但是二者有什么不同，便需要根据具体的语境来进行判断。

（3）补充功能

语境的补充功能指的是在语言环境中可以补充出对话者所省略的成分。以下列对话为例。

A：大话电影院离路口远吗？

B：走大约两三百米你就能看见一个书店，过了书店就是了

其中，第二句"就是"后面缺少宾语，单看B所说的话无法理解"过了书店"后所指示的宾语，但结合对话的前一句"大话电影院离路口远吗？"便可明白，"就是"之后所省略的宾语是"电影院"。

（4）设计功能

语境的"设计功能"是指能够根据设计者的主观要求来对语境进行设计。在对外汉语教学过程中，教师可以根据所需要教授的内容来设计适合的语境，比如语体风格的设计，在教学书信写作时，可根据写作对象的不同有所区别，如果收信人是家人朋友，那写作风格可轻松随性，语言亲切，而如果收信人是教师或领导，就要讲究言语措辞，用词要体现出写作者的谦虚之意。在对外汉语同义词教学中，语境的功能十分显著。近年来，语境对于同义词的重要作用被逐渐重视。在对外汉语教学中辨析同义词时，单单通过词语的讲解学生很难理解，便需要结合课文上下文，或者教师创设不同的语境来帮助学生进行理解，这都是语境功能的体现。例如，根据语境的设计功能，在同义词教学中，教师可根据同义词辨析中的差别，设计出符合所需要的语境，通过语境对同义词进行选择、制约、解释。

3．对外汉语教学中语境应用原则

语境教学法是汉语词汇教学最行之有效的方法，但是在对外汉语教学的过程中，尤其是在针对近义词的教过程中，还需注意以下两个原则。

（1）语境的典型性

所谓"语境的典型性"，即教师要关注例句能否有效实现学生相应认知语境的触发和建立。教师所给出的语境一定要体现该词的词汇意义、语法意义或者色彩意义，不能让学生产生误解。教师在设置语境时要给学生明确的、真实的语言信息，即语境和语言形式要符合语言的实际交际功能和语言规律。例如，在讲解"讨论"一词时，可以给出"多人""辩论""解决问题"等语言信息。

（2）真实性原则

在进行教学的时候，还应注意真实性原则，即教师不能对词汇所适用的语境进行不符合实际情况的编改。例如，在教授"汇单"一词时，教师给出例句"快递员递给小明一张汇单让他填写"，因"汇单"只能是在银行场景中使用，故该教师违背了语境应用中的真实性原则。如何做到真实性原则？比如当讲授教室的"窗户"这个汉语词汇的时候，教师可以利用教室内的窗户，通过实物让他们看，让他们去理解这个词的含义，让学生实实在在地感受到"窗户"一词。总而言之，要做到真实性原则对外汉语教师要为自己所讲授的内容负责，不可随意篡改词语所适用的语境。

4．对外汉语教学中语境的应用

（1）认知语境的应用

认知语言学认为语言能力不是独立的存在，与人的认知能力有关，而对于语言学习也应该是一个人的认知过程，故而作为语言教学工作者需要从认知语境心理学理论出发，来指导外国学生学习汉语。对外汉语教学中，外汉语教师如何利用认知语境进行教学，首先要完整了解自己的学生群体。不同国家的学生有不同语言、文化、生活经历、汉语水平，在学习汉语的过程中会遇到不同层面或者程度的困难，大大增加了教学难度。但是，这种教学难度并不是不能被打破的。这需要对外汉语教师能够准确地把握这些学生之间的差异化，根据他们自身的情况，进行有针对性的汉语言教学设计和课程内容的安排，让外国学生能够逐渐理解我们汉语的表达方式，形成汉语的思维模式，同时也可以在轻松愉悦的氛围下学习汉语。

（2）背景语境的应用

随着中国经济科技的全面发展，来华学习汉语的留学生与日俱增，国内对外汉语教学的发展也逐渐完善，为来华留学生提供了完善的教育教学资源，也便于对外汉语教师利用背景语境进行教学。本文中的背景语境，即所习语言国家的历史、文化和国民生活习惯与语言学习者本国历史、文化、生活习惯上的文化差异。教师可利用此背景语境引导学生习得汉语。汉语水平达到中级的留学生，他们在学习方位词，时间类词语时易产生困扰。例如，"早上好""上午好"这两个表达词，都是表示在上午时间的问候，但是使用时，我国国民都会根据上午时间的早晚来进行酌情使用，而在其他国家的语言体系中对于问候语在时间上一般不会有更细致地划分，因此学生学习到此类词汇时就容易产生混淆。此时，对外汉语教师就可以通过中国与其他国家作息时间和饮食习惯的不同来进行区分对比，进而达到讲解的目的。

（3）即兴语境的应用

彭耀兰曾经针对词汇语境在对韩汉语教学中的应用进行了测试，教师将事先准备好的40个词汇卡片放在盒子中，然后让18名学生分组抽取词汇进行即兴表演，可以自行设置语境，看哪组表演更佳。结果表明18名学生在学习中均不存在睡觉或者是开小差的现象，几乎所有学生都能够积极发言，团队合作效果同样也比较理想，结果学生对于相关词汇的掌握效果也得到了明显改善。学者彭耀兰所尝试的教学方式，实际上是对即兴语境的充分应用。来华学习交流的外国留学生，他们学习汉语除了更好地进行学校课程的学习，还希望能够通过各种方式深入了解和学习我国文化，如社会实践、大学兼职、社团活动等。鉴于学生的学习需求，对外汉语教师可以结合学生日常生活中的实际场景，让学生进行现场的表演，模拟对话，最后结合汉语知识进行讲解。如此不仅能够帮助学生增加该内容的记忆点，还能让学生通过模拟再现场景，去理解中国人的思维方式，进而掌握汉语、了解中国文化。

　　语境的应用除了表演、模拟对话，还应该包括游戏互动。游戏互动的内容主要是针对成语、习惯用语、俚语、诗歌、歇后语等这一类的内容。中国文化博大精深，厚重的历史文化使得汉语无论是实词还是虚词，都极具文化底蕴，拥有浓厚的文化气息。这部分内容极大程度地考验了外国留学生的理解力和记忆力。因此，为了加深学生们的理解，教师可以通过组织诸如"成语接龙""你画我猜"的游戏，寓教于乐，减轻学生在理解和记忆上的负担，使语言学习变得轻松易懂。学生们也会在这种有趣又形象的氛围内，更好的理解中华文化和汉语，掌握不同词汇。例如，当对外汉语教师要讲述"中秋节"相关词汇和传统习俗时，就可以通过"你画我猜"的游戏来让学生进行学习，具体的游戏策划可以根据教师的实际教学来进行安排。相信以这样教学模式授课一定达到最佳的教学效果，学生一定能够有所收获。

（二）语用分析与对外汉语教学

　　一般来说，语用分析包括了话语语用结构分析、交际过程中的心理结构分析、交际过程中信息结构分析以及语气情态分析等。具体来说，这在教学中就涉及了话题、谈话心理、语用含义、预设、焦点、语境以及交际双方的关系等因素。对外汉语教学中运用语用分析有着重要的意义。它不仅可以揭示出汉语各种表达方式的语用功能，动态展现彼此的语用差异，而且在解释学生的语用偏误方面极具说服力。作为语言教学的一种方法和策略，其最大特点就是紧密结合语言的实际应用，探索语言的组织特征和使用特征。同时，注重从语言的交际功能、发话人与受话人双方的认知能力等角度，对有关语言知识作出合情合理的解释。

（三）语用失误与对外汉语教学

1. 语用失误的类型

　　根据托马斯（Thomas）的二分法，语用失误的类型可以分为两大类：一类是语言——语用失误，另一类是社交——语用失误。

（1）语言方面的失误

第一，语音。这一类型的失误主要体现在说话人因语气、语调等不当，使得同一句话的语义有所差别。例如，你是一个好人。留学生在交际过程中可能会因为将这句话变为升调，形成反问语气等造成不必要的麻烦。这种语调、重音等方面的失误大多出现在初级阶段的留学生中，是较容易纠正的一类语用失误。

第二，词汇。汉语中某些词汇被翻译成另外一种语言时，尽管字面意思是一样的，但是词汇本身存在的一种较为模糊、会变化的联想意义会有所区别。例如，中国人在介绍自己的丈夫或妻子时会说：这是我的爱人。如果对方是韩国人可能就会问出这样的问题：你们打算什么时候结婚呢？这是因为，在汉语中爱人指丈夫或妻子，是已婚后的称呼，但是在韩语中爱人却指称未婚恋人。这便是同义词汇在联想意义上不同带来的语用失误。除了联想意义的差别，一些同音异形异义词语也会引起语用失误——汉语中"十八""四百"的发音在韩语中是骂人的话。

（2）交际方面的失误

第一，交际的具体内容。跨文化交际中，由于人们思维方式、文化背景的不同，不同国家、地区的人们在一定场合交际时的言语内容会有所差别。在某一文化中人们习惯交际的话题很有可能是其他文化中人们试图避免提及的内容。在跨文化交际课中，曾经有这样的案例：中国同学和留学生在路上遇见了，中国学生很自然地问到"你吃饭了吗""你去哪里"，留学生同学则表示非常惊慌，会因中国同学对其隐私问题如此好奇而产生不适。这些均为各民族在一定场合对谈话内容存在不同看法所导致的语用失误。

第二，交际的时机。两人对话、多人会话是一种非常典型的合作式社会活动，开始说话、中间沉默、结束对话的时机都是需要一定的技巧的。比如中国人在交际中通常会使用沉默表示赞同、支持、尊重、思考等，但有的时候留学生则会因为对方的沉默感惊慌不安，无法理解对方真正想表达的意思。

第三，交际的方式。中国人"好面子"，说话比较含蓄，避免单刀直入式的说话，而以英语为母语的留学生往往会开门见山，直接说出自己的观点。这种交际方式的差异可以追溯到不同文化追求整体和谐和个性突出的不同上来。中国人往往在拒绝别人的要求，会说"我再考虑一下""等会我再给您回复"。如果听话人是中国人，那么他会比较轻松地理解说话人并不想要接受自己的请求或者条件，会比较识趣地结束这个话题，进入下一个话题。但如果对方是一个外国人，尤其是非东亚文化圈的外国人，则会认为这件事情还有可以商量的余地，于是过一会再问一下对方是否考虑清楚。

2．语用失误产生的原因及其影响

（1）主观原因

第一，外国人母语文化的干扰。其实，在跨文化交际的过程中，产生语用失误是必然的，每个民族的文化都具有本民族的特性，价值观念和思维模式等方面的差异必然导致说话人和听话人交际的失误。不同个体之间价值观、思维方式的差异性，与文化背景密不可分，外国人在自己本国文化环境的影响下必然会形成本民族相对固定的价值系统、道德观念、是非标准、社会习俗等等。例如，中国人倾向于合作原则，西方人通常倾向于个人原则。在语用中体现为，当一个错误发生时，中国人会表现出集体利益高于个人利益，将错误归结于自己的身上，但西方人会选择维护个人利益，认为独特自我的存在才是根本，中国人的这种牺牲意识是不必要的。正如上文所言，跨文化交际中语用失误的出现是三观、思维习惯以及文化背景的差异等客观因素造成的必然结果。

第二，留学生存在文化认同矛盾。盛炎曾经说过："外国人学习中文时，必然要调整自己的文化态度，以便适应中国文化环境。但不管他们怎么调整，总是以自己民族的文化为主，以中国文化为补充，理解两种不同质的文化差别，他们的外国人身份不会从根本上改变，除非他们被中国文化所同化。"换言之，母语文化观念对一个人的影响是根深蒂固，实现完全的"文化同化"非常困难。如果是在考试的时候，他们看到语用方面的问题也许能够正确回答并处理，但在实际操作中让他们时刻牢记，避免此类失误还是有困难的。

（2）客观原因

第一，对外汉语教学中教材编写的局限性。对外汉语教学中，教材是学生学习汉语的重要依托和载体，尤其是在非汉语语言学习环境中。而现在很多汉语教材中，存在一些文化词汇更新不及时的情况：一些词汇的意思随着时代的改变已经由中性变为贬义，例如，"小姐""弟弟"等词语；一些新型词汇，如"支付宝"等词语并没有较为及时地出现在教材中。若教师仅拘泥于现有教材的编写情况，将课本上的内容传授给学生，那么学生同汉语母语者进行交流的过程中便会发生语用偏误情况。

第二，对外汉语教学中教师对于语用失误的关注意识较弱。对外汉语教学的成果往往是以 HSK 考试通过率或者其他较为"功利性"的方式呈现出来的。因此，教师在对外汉语教学过程中会更侧重于语音、词汇、语法等具体语言技能的教学，而忽视词汇、语句使用情况、范围等方面的教学，导致学生实际语言交际能力较弱，即便他们学会了大量的词语、句式，却并不明确在何种场合、针对何种对象、采用哪种表达方式是最为恰当的。除此以外，对外汉语教师在实际教学过程中往往出于保护学生自尊心以及为鼓励学生开口说话等考虑，对于一些并不是特别妨碍交际的错误会选择回避，认为听话者能知晓说话者的大意即可，但长此以往便可能导致学生在语用方面产生"石化"等不良现象。

3. 对外汉语教学中应对语用失误的相关措施

（1）提高留学生的跨文化适应能力

留学生长期受到母语文化的影响，在进入新的文化环境中，很容易发生交际上的冲突，出现语用失误等情况也是十分正常的。在对外汉语教学过程中，教师应当有意识地培养学生适应外来文化的能力，提升留学生对中国文化的认知，使其尽可能避免母语文化的影响，将学生从"被动听话者"变为"主动说话者"，提高学生的开口率，在较大程度上实现语用移植，在思想层面上消除自身对外来文化的偏见，灵活应对不同文化语境中的语用问题。

（2）教师应当积极引导学生了解中国文化

教师可采用多媒体教学手段、情景教学法等多种方式激发学生学习中国文化的兴趣，启发学生们的思维，促使其了解并熟悉中国的传统习俗与文化观念，注重问答的生活化、中国化，但同时也需保证其深度和广度，让学生在学习语音、词汇、语法的基础上，明确所学知识的应用范围，这不仅可以满足他们的学习目标，也是顺应时代发展的必然要求。

（3）教材的编写以及语言能力的测试应当更加贴近实际需要

不同文化背景的留学生在学习中文时所产生的语用失误不尽相同，提高教材编写的针对性、实用性，实现教材的国别化不失为一个很好的选择。我们可以从教材整体编写情况入手，设计出语用的相关内容，如一个词语、一句话在不同的交际情境中可能有不同的语用意义的展示，让学生构建一个较大的框架。除此之外，语言水平、能力的测试在一定程度上对教师的教学导向有着非常重要的影响。教师应当学会将此类测试、考试的功能从简单的语言知识的检测转变为语用能力的测试，适当地、循序渐进地增加语用能力的考察内容，为学生提供正确的学习导向。

第三节　语言习得理论与对外汉语教学

一、一语习得与二语习得

（一）一语习得与二语习得

一语习得指的是儿童在四岁之前不需要任何努力自然而然就可以习得的语言。针对一语习得的研究引起了语言学家和教育学家的双重重视，在研究二语习得和教学领域，一语习得的研究成果发挥着指引和向导作用。二语习得和一语习得存在着不同。首先，二语习得是我们学会的第二门或是第十门语言，并且发生在一语习得之后建立在一语习得的知识经验和认知结构的基础上。其次，二语习得的情况较一语习得更加复杂，主要分为两种情况，一种是在自然环境下习得，如孩子出生在二语环境中或者是在习得了母语之后发生了移民现象。另外一种是在教学环境中习得，这种情况非常普遍，例如我们大多数人习得英语都是通过这样的方式完成习得的。本节将基于二语习得理论在汉语教学中的应用展开分析总结。

（二）Krashen 二语习得理论

1. 语言输入理论

克拉申（Krashen）二语习得理论的核心内容就是语言输入理论，也可以称为"i+1"理论。他认为，语言习得是通过理解信息来实现的，学习第二语言最根本的方法就是语言输入。这里所说的输入指的是可理解性的输入，即在语言学习过程中，学习者听到或读到的材料符合他自身真实的语言水平，而且要稍微高于其当前的语言水平。只有满足这些条件，学生的语言水平才能得到有效提高，从而保证语言输入的效果。

2. 习得—学得理论

克拉申认为，习得是指学习者在外部环境和文化氛围改变的条件下，在交际实践中使用第二语言时，偶然学到第二语言的相关知识和表达方法，最终熟练掌握第二语言。而学得是指学习者在有意识的情况下，受到来自家长或老师等外力的推动，通过科学地记忆和分析第二语言的词汇、语法等表达方法，从而达到全面且正确掌握第二语言的目标。和习得过程相比，学得过程的目的性更强。

3. 情感过滤理论

克拉申认为，在语言学习的过程中，语言的输入并不能完全保证学习效果。学习者在学习过程中的情感因素也会对语言习得的效果产生影响，因为语言输入必须通过情感过滤才能被有效吸收。因此为了保证语言的学习效果，除了利用习得的先天作用和学得的后天努力来提高语言输入的质量外，还要重视学习者的情感因素，只有将学习者在学习语言知识时产生的情感过滤保持在最低状态，语言的学习效果才能事半功倍。

4. 语言输出理论

与输入相对的概念即为输出。二语习得研究中同样有语言输出理论。在克拉申的二语习得理论中，语言输出也占有重要的地位。无论是口头的还是书面的输出对于语言的学习都比较有效。因为学习者在输出过程中会注意到自己的语言问题，而对问题的注意又能促使学习者及时修正自己的错误，获得正确的语言知识。影响语言输出效果的因素有很多，如语言环境、交流互动机制、语言知识的输入和积累、实践锻炼等。这就要求外语教育者在语言输出方面进行更多的思考，探寻应对措施。

二、二语习得理论在对外汉语教学中的应用

（一）语音教学：僵化+偏误分析

20 世纪 60 年代，因为教师和语言研究者发现对比分析的假设及其分析方法存在一些弊端，他们开始逐渐将目光投向学习者在学习目的语时产生的偏误，虽然他们在日常教学中已经采用偏误分析的方法，但是却缺少分析学习者语言偏误的理论框架。直至 1967 年，科德发表了《学习者语言偏误的意义》这篇文章，为教师和研究者分析学习者偏误提供了理论支撑。在这篇文章中，科德系统地阐述了学习者偏误对语言教师、研究者、学习者重要作用。科德认为，语言教师通过偏误可以了解学习者对目的语的掌握程度；研究者可以透过偏误看到第二语言是如何习得的；学习者能通过偏误验证他们对第二语言规则的理解正确与否。同时，科德还提出了偏误分析的具体步骤：收集资料、鉴别偏误、描写偏误、解释偏误、评价偏误。在实际教学中，教师有时会发现自己的学生存在某些系统性的偏误，如俄罗斯学生的二声、三声常常读不准，好像全都读成了

一声，但仔细观察还会发现这些"一声"之中仍然存在一些差别。那么，教师如果想要就汉语学习者的语音偏误情况进行针对性的纠错，就可以按照偏误分析的步骤来操作。

首先，教师可以收集本班学生的语音语料。因为研究对象明确，且不存在需要了解历时变化情况，那么，教师仅需要以录音的方式收集语料即可。但是需要注意的是，教师应尽量收集两类语音材料进行分析。第一种，是朗读状态下的语料。此时，教师应选择篇章而不是词语让学生进行朗读，且尽量选择包含语音要素多的篇章。第二种，是即兴说话状态下的语科。这种语料能更加真实地反映汉语学习者在自然状态下的语音情况。第二个步骤，是鉴别偏误。语音偏误的标准很好确定，就是标准的普通话。因为收集的语音包含朗读材料和现场自然说话两部分语料，都不存在隐性偏误的问题。所以，教师只需要比照标准的普通话进行鉴别偏误即可。第三个步骤，描写偏误是此部分的关键。教需要细心对学习者的偏误进行整理分类。总结出学习者常犯的语音偏误，如常常把35读成45或55，前后鼻音分不清楚等情况。教师可以针对这些偏误在课上或课后进行针对性的训练。而后可进行第四个步骤解释偏误，通过了解偏误形成的原因，做到对学生偏误的形成过程心中有数。总的来说，偏误形成的原因就是语内偏误和语际偏误。就语音偏误来说，语际偏误或者说母语负迁移是产生语音偏误的主要原因。第五个步骤，是评估偏误。避过对已有的偏误进行评估，教师可以对纠错的优先性做到心中有数，这会方便教师在课堂教学中判断等类偏误即时纠正就可以，而哪类偏误需要进行专门的练习。

（二）语法教学：输入假说＋习得

输入假说是克拉申语言监控模式的核心部分，该假说指出，人们习得一种言，必须通过理解信息或接受可理解的语言输入。也就是说，教师为学习者提供的语言知识，必须是难度略高于学习期有水平的语知识。其公式是"i+1"，指学习者着现有的语言水平，"1"表示稍稍高出学习者现有水平的语言知识。克拉申认为，如果学习者在习得过程中大量接触"i+1"水平的语言材料，他们便是在理解信息的同时，自然而然、不知不觉地习得新的语言知识。那么，如何让学习者自然而然、不知不觉地习得新的知识现？

我们知道，在第二语言习得理论体系当中，"习得"是作为学习相对应的词而出现的。"习得"是类似于儿童习得母语那样，在自然而然的状态下，下意识地获得第二语言规则的一种心理过程。通过种种的研究比较显示，在"习得"的环境下获得知识，要比在"学习"的环境下获得知识更受学习者的欢迎，效果更好。那么，如果教师能够在课堂教学时，为学生营造一种"习得"目的语的环境，或许会达到更好的学习效果。

下面，假设学生已经学习过"结果补语"，我们来探讨一下，如何在创设"习得"环境的条件下，通过为学生提供"i+1"层次的知识，引导学生掌握"可能补语"。

结果补语表示动作、变化的结果，由动词、形容词充当，如记住了、学会了、吃饱了、喝足了、看到、放下等。可能补语，则主要表示是否有可能出现动作的结果或状态的改变。也就是说，汉语学习者已经掌握了的结果补语就是"i"，而可能补语就是稍稍高出现有水平的"1"。因此，可能补语在教材中的编排顺序一般会安排在结果补语之后。那么，教师在讲解可能补语的时候，可以通过创设情境，从复习结果补语，引入可能补语。比如，教师可以通过询问学生的旅行经历来创设情境。

教师问题1：你们去过上海旅行吗？

学生回答：去过。

教师问题2：上海人说上海话，你听得懂吗？

学生回答：不懂。

这时，教师就可以提出，在汉语中，如果想表达能不能做到一件事，或者一个结果可不可能实现的时候，会用到一种结构，叫"可能补语"。以结果补语"听懂"为例，听懂是结果，但是想要知道能不能得到这种结果，这个结果能不能实现，那么就要用可能补语。肯定式"听得懂"，其结构是"V+得+C"；否定式"听不懂"，其结构是"V+不+C"；疑问句1："你听得懂吗？"，其结构是"S+V+得+C+吗？"；疑问句2："你听得懂听不懂？"，其结构是"S+V+得+C+V+不+C？"。

接下来，教师可以就由结果补语转换成可能补语进行替换练习。例如，看/听/读/弄懂——看/听/读/弄得懂、看听/读/弄不懂、你看/听/读/弄得懂吗？你看/听/读/弄得懂、看/听/读/弄不懂；听/看见——听/看得见、听/看不见、你听/看得见吗？你听/看得见听/看不见；说/听/看/想弄明白——说/听/看/想/得明白、说/所/看/想/弄不明白、你说/听/看/想/弄得明白吗？你说/听/看/想/弄得明白、说/听/看/想/弄不明白；吃/看/听/买到——吃/看/听/买得到、吃/看/听/买不到、你吃/看/听/买得到吗？你吃/看/所听/买得到、吃/看/听/买不到等。

随后，教师可以继续围绕上面的话题进行提问，自己有意识地在话语中加入可能补语，或者引导学生使用上面的结构说出包含可能补语的句子。

（三）词汇教学：互动

常用的词汇教学方法有图示法、翻译法、情景法等，这些方法往往是在课堂上对学生进行单向的输入。1981 年，Michael Long 提出了"互动假设"。他认为，"要想充分地理解和认识语言输入的本质及其对第二语言习得发展的影响，仅仅考查单向的语言输入是不够的，应高度关注母语者和学习者共同参与的互动过程"。他提出可以通过语言形式的调整和话语结构的调整，使语言的输入更容易理解。也就是说，当交际双方遇到不明白意思的词语时，可以通过询问、重复、确认、解释等方式协商话语意义，以达到交流的目的。根据他的研究，人们通常会用话外框、事实确认、理解确认、澄清请求、重复自己的话语、重复对方的话语、扩展和混合 8 项话语互动结构调整类型，以及出让话题控制权、选用凸显的话题、简单处理话题、凸显新话题、理解确认、容忍随意转换话题、要求澄清说明、确认本人是否理解、容忍歧义、语速调慢、关键词强调、关键词前稍微停顿、话题－评述结构、重复自己的话语、重复别人的话语 15 项具体的互动调整手段。

教师在上课时，除了传统的教学手段，可以有意地用这些方式进行词语教学。比如，当讲到"马马虎虎""泰然处之""遇变不惊"这三个成语时，可以先将它们串成一句话："同学老吴做事马马虎虎，经常给自己惹出些小麻烦，可每遇到麻烦他又总能泰然处之，遇变不惊。"如果学生对这三个成语表示疑惑，那么还可以进一步解释："同学老吴做事马马虎虎，很不认真，这经常给他自己惹出些小麻烦。可每次遇到麻烦时，他又总能泰然处之，总是很平静地来处理，一点儿也不吃惊，真是遇变不惊。"这样，通过语言形式的调整，使学生理解这三个成语。

在实际教学中，也曾经发生过一个非常典型的通过师生互动的情况。

师：请问，你有什么爱好吗？

生：（迷茫中）

师：你的爱好是什么？

生：爱好？

师：你喜欢什么？你喜欢踢球吗？

生：踢球？

师：对，踢球，踢足球。

生：啊，足球，喜欢喜欢。

师：所以，你的爱好是踢足球。

生：啊，我的爱好是踢足球。

在上面的例子中，教师首先问使用语外框"请问"来加强语气，引起学生的注意。而后，当发现学生对"有"字句有些迷惑后，迅速调整结构，换成了"是"字句这个更加简单的句式进行提问。这时，学生注意到了关键词"爱好"，并对其进行提问，教师通过调整语言形式，由"爱好"变成了"喜欢"，通过简化的手段引导学生了解词义。同时，教师进行举例，用"踢球"来举例说明"爱好"的具体内容，并在发现学生对"踢球"存疑时，可以将其扩展为"踢足球"。虽然学生不熟悉"踢"这个动词，但是学生熟悉"足球"这个名词。因此，学生能够将教学内容与其实际生活联系起来，最终了解了词义，完成了教学任务。

第二章 跨文化视角下的对外汉语教学发展

外国人学习汉语最主要目的是能成功实现跨文化交际，这不仅需要他们学习好汉语本体知识，还需要对中国文化有充分了解。对外汉语教学只有将文化教学融入语言教学中去，这样才能让他们能够顺利地进行跨文化交际。本章分为对外汉语教学中的跨文化交际理论和跨文化视角下对外汉语教学的历程、跨文化视角下对外汉语教学的现状、跨文化视角下对外汉语教学的意义四部分。主要内容包括：跨文化交际相关理论、跨文化交际与对外汉语教学、汉语教学事业的开创阶段等方面。

第一节 对外汉语教学中的跨文化交际理论

一、跨文化交际相关理论

"跨文化交际是在国际交往日渐频繁和经济一体化发展的情况下产生的一种新兴学科，是一门年轻的学科，也是一门综合学科，涉及凸显文化的文化语言学、凸显社会的社会语言学、凸显交际的言语交际学。"对于中国而言是改革开放的产物。在中国经济高速发展及对世界的影响之下，重新焕发国际对中国古老而神秘文化的激情，在新时代的要求下汉语作为传播中国文化的重要载体日益走向世界并已表现强劲势头。在语言传播的同时自然交织跨文化交际。对外汉语的教学的特点决定了跨文化交际是汉语国际推广的必要。中国文化源远流长、博大精深，不能单纯地把 Intercultural Communication 翻译成中文叫"跨文化交际"。所以"交际，就意味着用并非只是单纯的语言表达，而是语言表达过程中的沟通问题，不仅仅是什么意思，而且是想要表达什么意思，在对目的语环境的文化有所了解的基础上才会有更好的理解 what you mean，而不是 what you say"。

（一）跨文化交际的特征

1．交际者为不同文化背景的个体

文化背景差异的概念较为宽泛，可以是指世界大文化圈之间的差异，也是指某一文化圈内部亚文化的不同。相对于对外汉语专业，文化差异主要指前者，特别是中西方之间的文化差异。从跨文化的实际情况来看，因文化背景不同而导致的冲突与矛盾在中西方之间较为突出。而相应地在东亚儒家文化圈的交际因彼此之间在文化取向和交际规范方面相通的地方而较为顺利，由于文化背景的差异导致的交际失误相对容易解决。

2．交际双方必须使用同一种语言交际

毋庸置疑，交际双方必然使用同一语言进行交际。一般情况下，一方使用的交际语是母语，相对另一方则是第二语言或者是目的语。语言即文化的载体，交际双方虽从表面看使用同一语言，但由于来自不同文化背景国家，交际中必然会产生跨文化冲突。

（二）跨文化交际中的主要理论

跨文化交际理论作为对外汉语教学的基础，首先是跨文化交际的一种行为，着重关注文化差异，接着才是一个教学者教授汉语知识的行为，交际双方因为不同的价值观以及行为准则会在交际中出现一些文化偏差，这种文化偏差会导致交际上的误解甚至产生文化冲突导致交际失败。对外汉语教学中必须语言知识为依托，以培养学生跨文化交际能力为目的开展教学，教材之中对于跨文化交际的理论也应有所涉及，力求学生在老师授课之前提前预习、授课之后及时回顾。在研究中表明，与对外汉语教学相关的跨文化交际理论知识有下几种。

1．文化冲突管理理论

跨文化交际理论中对文化冲突进行了系统的分析和论证，认为文化冲突是不同文化背景的人在交流沟通时，由于观念上的不同产生的偏见、误解，从而形成的一种文化对抗，常见的差异有思维方式、行为习惯、个人价值观、语言几方面，这些差异一般会成为群体间划定谁是"我们"和谁是"他们"的依据，通常，群体中的成员会产生命运共同体之感，而群体之外的人则会认为有无形的壁垒阻隔。丁允珠、约翰．G．欧埃特赛尔提出了跨文化冲突管理理论，他们认为交际过程中存在着各式各样的冲突，根据产生的冲突的不同因素采用不同的方法解决，他们的文化冲突管理理论为人们如何有效地管理冲突、灵活地解

决问题提供了指导原则。

2. 文化依附与文化认同理论

文化依附现象是高一虹 1991 年在《我国英语教师的文化依附矛盾》中首次提及，1996 年孟子敏将"文化依附"这个概念引入对外汉语教学之中，他认为："对外汉语教师在教学中和学习者在学习中代表或体现什么样的文化，即所谓文化依附。一方面，教师代表着汉语文化，教学对象却来自异文化群体，为了适应教学对象，我们在教学中有时就会自觉或不自觉地进行文化依附选择，文化依附矛盾便产生了。另一方面，留学生代表的各自民族、国家或地区的文化，为了学习体现汉文化的汉语，必须进行文化选择他们的文化依附矛盾也产生了。"文化依附现象不仅是学生在学习汉语时易产生的障碍，教师在教学中也存在着文化依附矛盾。教师在教学中总是会自觉或不自觉地对学生进行文化依附选择，这个时候为了完成教学，老师不得不放弃汉语文化去迁就学生的母语文化，这在对外汉语课堂之上其实是不可取的，对外汉语教学本来就是一种跨文化交际，学生来到目的语国家，应依附目的语国家的文化进行交际，这样才能使文化依附矛盾化作最小，也能使学习者能真正掌握语言知识学会交际。文化认同则是建立在跨文化的基础之上，它反映了学习者的文化接受程度，是学习者自身在交际过程中，认识到不同的文化，对自己的认知加以感知和更新，是一种文化创新和接受的过程。

3. 跨文化交际能力理论

对外汉语教学的最终目的是教会学生说"真正的汉语"，那么，培养学生的跨文化交际能力是教师在教学中需要重点关注之处。跨文化交际能力主要由认知、情感、行为几种能力构成，认知能力能够帮助学习者提高理解文化差异能力，认清文化身份，有效进行交际。情感能力使学习者从容地面对不同的文化不显露焦虑和不安，并且可以在交际之中感受交际的快乐之处。行为能力则帮助学习者有效地进行交际，学习者在交际中具有一定的灵活性，可以站在他人角度思考问题，维护他人面子。

在现今科学技术和经济不断发展的当下，各国交流也逐渐频繁，近几年，中国凭借自身的独特优势吸引着不少学习者怀着不同的目的来学习汉语，这也促使对外汉语教学逐渐重要起来，汉语不只是一种了解中国的工具，更是完成文化交流的手段，所以，如何把握跨文化交际与对外汉语教学之间的关系变得尤为重要。

（三）中西文化差异的表现

从文化交际的角度看，中西文化的差异主要体现在两大方面：一是认知事物的差异性。具体涉及价值观与道德标准的不同、对客观世界认知的区别；二是日常交际的文化差异。主要有问候言语差异、饮食习俗差异、称呼言语差异、客气语差异、隐私观念差异。

1．对事物认知的差异

（1）道德准则与价值观差异

在西方，个人主义大于集体主义，认为人在事物和价值中处于重要地位，在生活中以自我为中心；而儒家文化影响下的中国，集体主义高于个人主义，少数服从多数的原则已根深蒂固，形成特有的文化价值观。因而，表现在利益面前，所表现的选择性往往不同。比如西方人为了个人生命而舍弃公共利益不以为然，而在中国可能会引起轩然大波；中国人始终为集体的意识，在面对公共财产损失时一般会选择牺牲个人利益。

（2）认知客观世界的差异性

"不同民族在发展和演变过程中形成的对客观世界的认知性存在差异，对同一事物的认知及赋予的内涵也不尽相同。"比如关于狗与龙的认知，中英两国赋予的含义及感情截然不同，因心理的反应不同在语言上也有所表现。狗在英语里常常有 lucky dog（幸运儿）、every dog has its day（每个人都有得意之时）、top dog（重要的人）等语言表现，褒义感情明显可知。虽然也有一些贬义的语用，但相对较少。而在汉语里常用狗作为贬义的感情宣泄处处可见；如狗腿子、狗屁、哈巴狗、鸡鸣狗盗、狗仗人势、狗眼看人低等。

另外，因宗教的信仰也会产生不同的认知。比如，根据《圣经》，龙是罪恶的象征，在英语语言文化中龙是没有地位的爬行动物，而在汉语里经常会有龙凤呈祥、望子成龙等语言，因为在中国，龙历来是中华民族神圣的象征，凸显着勇敢、地位、权利、至尊。

2．日常交际的文化冲突举例

（1）寒暄的差异性

在中国，熟人遇见常会问"吃了没有？去哪儿呀？最近怎么样？忙不忙？"等，倒不一定非要明确你的吃饭问题或者目的地，而是以前的中国是泱泱农业大国，衣食住行首当其冲是温饱肚皮，自然见面就问候吃饭哪问题，久而久之沿袭下来成为日常问候语。这些问候与英语中的 hi，hello 相当，更多时候是一种见面寒暄。假设用这种方式问候西方朋友，恐怕会造成误解甚至反感，因为涉及对方的隐私问题，可能误解为是你想请他吃饭，抑或是关你什么事。

（2）时间观念

时间就是金钱。西方人眼中的时间异常宝贵，不能随意耽误使用别人时间。他们是单向性时间观念。在拜访对方时需提前预约时间、地点，随意的未通知的拜访可能会打乱对方的时间和计划，造成不愉快，甚至反感。而中国人在生活的安排上相对随意，没有预约的拜访有时会带来意外的惊喜而显得更有趣。因此，假设一位中国人未经他人许可而拜访了以为外国友人，则势必会引起他人的不愉快。

（3）面子与礼物

送礼已经成为日常生活中必不可少的一部分，文化的差异性在送礼方面也会有所误解。西方人互送礼物不在乎礼物价值几何，贵重与否；在接受别人礼物时一般会当面打开并表示欣喜与感谢。而中国人送礼会根据实际情况衡量礼物的价值，礼轻则显得小气，脸上没面子；送出礼物要谦虚委婉，接受礼物会适当推脱，接受礼物后一般不会当面打开，而是等客人离开后才打开。这样两种截然相反的方式，对于一个不懂得跨文化交际的人来讲，必然会引起冲突。

（4）餐桌礼仪

中西方的餐桌礼节差异也挺大。中国人的热情好客历来为人称颂，吃好喝好吃饱为基本待客准则，夹菜劝吃劝酒司空见惯，抢着买单也是见怪不怪；而西方国家以自我为主，尊重对方隐私和习惯，各取所需，不强人所难。例如，在西方交际中常遇到的"从制"付款，这在中国特别是老一辈人依然很难接受，我国是礼仪之邦，有"东道主"之说，因而中国人在与朋友聚会时依然表现出更多的人情味。

（5）告别方式

西方国家的告别方式比较干脆直接，经常表达为我必须走了，送朋友离开也适可而止，给予对方自我的时间；中国式告别相对委婉，经常表达为我有点儿事，得走了，送别时也是送得越远越表示依依不舍和对对方的尊重。如果给西方人如此三番五次的告别，往往会耽误对方时间和隐私，而显得不妥。

（6）称呼语的差异

中国深受儒家文化的教诲，在称呼语方面相当严谨。根据血缘、辈分、身份和地位方面的不同常常表现在语用方面。如大伯、二叔、三姨、四舅、王老师、X 主任等，往往体现出辈分、身份和尊敬。西方国家，崇尚人人平等，在称呼语方面直呼其名显得亲切，也不会造成心中不满。如在很多美国的大学里教授通常不喜欢自己的学生称呼自己为"Professor X"而更喜欢称自己为"Mr./Mrs x"。

（7）客套方面的差异性

面对对方的溢美之词，中国人常表示谦虚，贬己尊人方显得礼貌，而西方对于中国人这种谦虚甚至自我否定表示不解，面对别人赞扬欣然接受并自信回应。例如，很多外国学生不理解为什么中国自古以来的一个谦虚传统，对外汉语教师常常讲，如果有人对你说："大卫，你真是个热心的人！"年龄大的人会谦虚回答："哪里，哪里！"如果有人夸你说："你真漂亮，马利！"中国人会经常回答："哪里，哪里，一点都不漂亮。"这样的谦虚让外国学生们费解，为什么中国人不接受对方的夸赞呢？殊不知这就是中国语言委婉的表达艺术。

（8）隐私观念的差异

中国传统文化的观念里，个人归属集体，在隐私方面自然意识淡薄。经常可以问对方的年龄、收入、婚姻、住址等问题，而相反西方人则认为侵犯了自我隐私。

（四）跨文化交际冲突的成因

如果外国人在目的语环境中学习汉语却不懂汉文化，其做法不仅会引起中国人的不满，而且也会导致自我的文化挫败感。在此介绍跨文化交际冲突的两种成因：文化定式和文化偏见。

1. 跨文化交际中的社会文化定势

文化定式有其积极和消极的一面，是一种不可避免的普通显现，具有相对的稳定性和延续性。对于大多数交际来讲，其消极的一面在于人们在没有和某种文化接触的情况下，可能已经对它有了先入为主的印象，例如认为中国人腼腆谦逊，英国人冷僻孤傲，德国人固执己见，法国人罗曼蒂克，美国人坦诚乐观等，这种"一个群体成员对另一个群体成员对另一个群体成员简单的看法，势必造成跨文化交际冲突"。

"当中西文化的差异性造成文化误解与冲突时我们通常会从自身的文化角度去思考问题，这种习惯久而久之形成文化定式（stereotypes）。它有几个明显的基本特征：以偏概全、过分简单化、影响力及顽固化。"不同文化背景的人交际时，跨文化交际意识很难自我主动获取，从而造成交际障碍甚至交际失败，其阻力主要来自本民族的文化定式及对它文化的文化偏见。

对于社会文化的基本内涵，汤莫林将其分为三大模块：信仰、价值、信念等形成的思想；文学、艺术、音乐等形成的产物；衣食住行、习俗、休闲形成的行为。在这三大部分中，起决定作用的是思想，思想反映为行为。虽然如此分类尚不全面，但目前已达成共识："社会文化是社会群体而非个人的与交际密切相关的受社会准则制约的行为，是约定俗成的社会生活方式体系。"

人类学家认为文化是人们在长期的社会交往中所形成的情感、思想、思维、信仰与行为。语言为文化的载体，借以表达文化的概念与思想，因而语言与文化的不可分割的关系已是不争的事实。因此，跨文化语言习得者和跨文化交际的人不得不对目的语环境下潜在的社会文化进行学习、掌握乃至解构。

2．文化视域中的文化偏见

"文化偏见是一个文化的人们在跨文化交际中对另外一个文化的人们所持有的不正确认知，在实践中它更多体现为一种不公正的态度，即它是后天形成的倾向，人们因此通常以一贯的消极的方式对某一特定人群或实践做出反应。"因文化定式而形成的对它民族文化刻板的印象，是内群体对外群体没有客观性的态度及不符事实的先入之见，是跨文化交际的主要障碍之一，因此也是跨文化研究的主要课题，但目前在跨文化交流学中鲜有系统及深入研究。

因语言与文化的关系，在语言运用过程中，可以微妙的反应人的思维结构和心里意识，特别是内群体对外群体存在文化偏见时，势必在语言方面表现出跨文化的矛盾与冲突。

3．跨文化心理学之文化偏见

俗话说得好，"入乡随俗"，在对外汉语教学中，留学生在目的环境中自然懂得这一道理，对于文化冲突或多或少在心理上有所预设及准备，因而在目的语环境中的跨文化交际，从行为上不一定表现出显性的文化偏见，从跨文化心理学的角度浅析文化偏见。

赛科利斯特认为，跨文化心理学如同比较心理学和实验心理学一样重要，并由此研究的理由是尚未有更好的方法推论不同文化对心理的影响及其因果关系。研究目的是在世界范围内对差异很大的文化进行比较，尽可能避免文化偏见对心理学的消极影响。但问题是不可否认在跨文化的交际中，心里潜意识的文化偏见客观存在。如，西方学生对伊斯兰国家学生宗教信仰的偏见，西方与东方学生因大文化圈背景差异性的文化偏见，发达国家对发展中国家的文化偏见。这种偏见不一定是显性的即语言表达的，在非言语交际中可以洞悉到对方的不情愿、不解、鄙夷、嘲笑、不屑等心理情绪。

4. 跨文化交际之群体间语言偏见

群体间的语言偏见作为一种普遍的语言现象而存在已成为不争的事实，其产生的机制是认知还是动机目前在心理学方面尚未定论，有待进一步研究。

在此以两方面作为假设：从认知方面看，语言偏见是不同文化的区别性期待之表现，无论事实如何，自然用抽象的语言描述心理所期待的文化行为，如果事实表现正好与期待的相反或与一贯的反常，则往往定义为是偶然的和非典型的。

二、跨文化交际与对外汉语教学

（一）跨文化交际与对外汉语教学目标

在对外汉语教学之中，跨文化交际占据着重要地位。首先，语言与文化是息息相关的，文化必然是对外汉语教学之中不可或缺的一环，熟练地掌握汉语，不仅要学习它的语音、字形、语法和语用，而且还不能忽视汉语的文化背景。在教学中张红玲从跨文化交际的角度，将外语教学的总体目标分为两级，初级目标（语言文学目标：提高学习者的外语交际能力）和高级目标（社会人文目标：培养学习者的跨文化交际能为）。在对外汉语教学之中，这两个目标同样适用。对外汉语教学一方面要培养学生的语音能力；另一方面还要关注学生的交际能力，也就是所谓的言语行为在语法正确的情况下，社会文化规则上是否得体。跨文化交际能为作为高级教学目标，通过认识和比较不同文化的差异，增强跨文化交际意识，引导学生感悟不同文化的魅力所在，培养其多角度的发现问题解决问题，具有文化包容思想。

其次，以跨文化交际能力为主要目标。在对外汉语教学中引入跨文化交际知识，对于培养学生的跨文化意识，了解跨文化交际的特点和要求是十分必要的。跨文化交际知识的学习能激发学习者想要了解所学语言背后的文化的积极性，深入了解语言与文化之间的关系，能够使得语言学习不再拘泥于句式的反复操练和语法的枯燥理解，较之传统语言教学的只讲授语言不涉及文化更加受学生欢迎。这将使得较之传统的只讲授语言不涉及文化的语言教学更加受到学生的欢迎。

最后，交际能力的主要目标在于增加跨文化交际的学习，为学习者恰当使用语言完成交际创造可能。通过了解不同文化的特点、语言的相对性以及不同文化背景中的人们的行为模式，能够处理好交际之中的问题，促进进一步的沟通交流，这也是促使对外汉语教学获得成功的关键所在。

（二）对外汉语教学中的跨文化交际冲突

1. 对外汉语教学中的跨文化冲突的特殊性

对外汉语教学作为一种特定的跨文化交际活动而具有鲜明的特点，在对外汉语教学中的跨文化冲突也有自身个性，其特殊性如下。

首先，跨文化交际冲突涉及的参与方关系较为简单。在对外汉语教学活动中，教学双方的参与者为教师和学生，因为关系单一明确，在教学活动中的冲突，一般表现为生生冲突、师生冲突、学生与环境的冲突、教师与外在环境的冲突。

其次，对外汉语教学的文化冲突性质为非对抗性。对外汉语教学的首要目的非常明确，即双方共同致力于语言的教与学，掌握第二语言汉语，而没有根本性的分歧和破坏的动因，因此在教学活动中的冲突并非对抗性，即使发生文化冲突，双方可以积极态度解决或规避，促使得教学顺利进行。

再次，"从文化的内外层角度来看，文化冲突有表现为外在的显性冲突和深层的隐性冲突"，而对外汉语教学中的文化冲突较多表现为隐性文化冲突，即在特定的情境下因宗教、信仰、思想、道德、价值观等引起的文化冲突。因相对应的显性文化冲突如饮食、礼节、节日、服饰等容易看到并习得，因而不轻易产生冲突。而隐性文化冲突存在于思维定式中，很难规避，由此产生的冲突势必对教学产生消极影响。

2. 文化休克对语言习得的影响

在跨文化交际中，文化休克的案例数不胜数。曾在报纸上刊登过一位 10 岁的中国北京小男孩，由于父母工作流动的原因，小时候多次转学去新的城市学习、生活。后来父母离异，母亲带着他去了美国。在美国的学校里，男孩变得不爱说话也不爱学习。美国的教师请中国妈妈来学校，母亲感到非常惊奇："我的孩子之前非常开朗，学习也很认真。怎么就突然改变了！"妈妈回家后和孩子交流后，孩子回答："我不喜欢和美国小朋友一起玩，我不喜欢学美国的语言、美国的历史文化课。"妈妈恍然大悟，并不是我的孩子不合群，他只是不喜欢美国人，并不是他不是爱学习，只是他不热爱美国的语言、历史和文化。

小男孩的案例同时也告诉我们：文化休克带来的一个严重后果就是直接导致恐外症的出现。恐外症（xenophobia），亦翻译成"仇外症"，简单地说就是指对外国人的恐惧与仇恨。案例中的中小男孩是明显对美国产生了严重的恐外症。这种症状严重影响了对语言的学习动力，甚至是社会交往主动性。虽然我们常讲，小孩子的适应力会比大人强很多。但是，文化休克者对于年龄越小的孩子来讲并不会减轻，由于小孩子缺乏对异国文化的了解，同时缺乏理性分析和克服文化休克症状的心理能力，所以对于文化休克症状表现还是很明显的。中国的父母亦不能跟风认为让孩子越早出国接受"洋教育"就越好，出国前一要警惕"文化休克"的心理障碍，二要给足孩子在异国环境中成长生活的"安全感"才行。

如何减轻文化休克症状对留学生的影响有以下几种应对策略：尽快提高汉语水平，感受异国文化。然而，当初对目的语环境的新奇性随着文化的接触与冲突往往产生文化休克，极大地挫伤了学习的积极性，甚至影响整个的汉语学习过程中。对于来华留学生来讲，第一，对待文化休克的心理困难不能采取绝对化的态度，更不可用消极的方法处理，要明白跨文化交际中并不要求某一方放弃自己的风俗习惯和价值观，只是要求在交际中尽量理解对方，在问题的认识和处理方面尽可能一致，以求得与对方更好的交流与沟通。第二，要认识到文化休克在文化适应过程中具有两面性，既要克服其带来的不利影响，同时也应该认识到，走过了文化休克的这段时期之后，会更容易接受和适应新的环境。

3. 目的语环境中的文化冲突

目前，不可否认，汉语热在全球不断升温。在海外，建立了300多家孔子学院。在国内，越来越多的高等院校建立了国际教育学院，设置了对外汉语教学课程吸引来华留学生，一些大城市也建立了一些对外汉语培训机构。在对外汉语教学不断升温的同时，也带来了跨文化交际冲突。因教学环境和学习环境的不同，跨文化交际的冲突具有不同的特点和形式。

首先，目的语环境下的跨文化冲突主要表现在三个方面：师生文化冲突、生生文化冲突、学生与外环境的文化冲突。

①师生方面，因教师对目的语环境的文化深入人心，不自觉带有文化的定势，在面对众多不同文化背景的教学对象时产生文化冲突在所难免，这也是三个方面中最主要的冲突。比如，对于初来乍到的留学生而言，对中国式教育方式可能难以接受，但这种方式具有一种儒家文化的深入的文化定式，如果用中国式教育方式面对美国学生比较自由散漫和日本学生的提前等候，在一个不同国家学生的集体中教学自然会有所影响。再如，日韩学生喜欢中国的老师教授注重语法，多写多记；而欧美学生注重运用，疲乏于死板的中国式课堂。因此会带来一定的冲突并对教学的设计提出更高要求。

②学生之间的文化冲突常常带有文化偏见、宗教信仰、历史政治等问题。

比如有的白人学生对黑人的歧视，韩国学生与朝鲜学生的矛盾，印度和巴基斯坦学生的冲突等。

③对于外在环境而言，来华留学生尤其是欧美留学生会有很多文化冲突，会表现在显性的饮食、礼节、风俗等方面，甚至会出现文化休克现象。

4. 非目的语环境中的文化冲突

在非目的语环境下跨文化交际冲突主要表现在两个方面：师生之间的文化冲突和教师与外在环境的文化冲突，即教师所表象的汉文化与学生母语文化之间的矛盾。在外在环境进行对外汉语教学时，如果以中国式教育制度要求学生，可能会有强烈冲突，尤其在崇尚自由独立的美国环境，用尊师重教的观念对学生发号施令，会遭学生反感，产生师生矛盾。西方人注重隐私观念，如果不加以重视，也会引起冲突。如一个外派的对外汉语教师在美国中学教授汉语时，为了方便起见，把测验的学生成绩单发布在班级公共邮箱，以至于整个年级的学生都互相看到了测验结果，从而引起轩然大波，甚至因其中一个孩子没有及格而受到别的学生的取笑后，家长都来学校对老师进行责问。这种文化冲突时中西方文化差异下的典型体现。

5. 跨文化冲突对师生双方的影响

跨文化冲突会影响学生对汉语的学习兴趣并产生不良的学习效果。如果是来到目的语环境学习，之前对一些文化抱有兴趣，但在实际环境中因为发生道德文化冲突而产生不愉快的负面情绪，可能会对学习汉语有所影响。如对学习环境的失望和排斥、对其他文化背景习得者的矛盾与排斥等在教学中自然会影响学习兴趣，打击学习信心。

其次，对外汉语中的文化冲突也会影响到教学主导方老师的情绪而对教学产生不良的影响。如果教师和学生因文化冲突而产生矛盾或者在环境上有所排斥，自然会影响到教学之中，甚至把负面的情绪带入课堂，进而影响到教学对象的心里，如果处理不当，使得教学向消极发展，产生后果可想而知。对外汉语教学中跨文化冲突对双方都有影响，在一定程度和时期必须有所分析及规避，利于教学的顺利进行及汉文化的传播。

6. 文化定式及偏见对教学的消极影响

前面已经对跨文化交际中的文化定式及偏见作了简述，毋庸置疑，文化定式与偏见会带来跨文化的冲突，对外汉语教学作为特定的教学自然会受到文化定式及偏见的影响，虽然在实际的教学过程中以规避的心态提前设防以至于对它文化的偏见三缄其口,但并不意味着跨文化心理偏见的抹杀,常伴随有非言语交际的偏见反映,或者因心理学角度的感知而有所体会。遗憾的是,在这一理论方面,目前尚无深刻系统的研究,在此以实际的教学经验为依据作一浅析。

在一次针对来华留学的高级班汉语口语教学中,以偏见为话题,展开讨论,要求实话实说,在一方指出对对方的文化有偏见时,对方要以牙还牙,指出对另一方的某一文化的不解,并相互作一解释,以免引起文化冲突。在这一次的讨论中,笔者对以往口语分组活动时的情形加以联系,对某些国家学生之间的所谓有意无意的非合作问题便有了一定解答。汉语口语的教学注重学生的口头表达,但让他们张开嘴并非易事,尤其涉及文化偏见时有的学生会有意规避。比如在谈对中国的印象时,欧美学生直言不讳,但很多日韩学生喜欢陈述事实不表达自己的态度,甚至对某一情况不愿意表达,这种课堂表达量的非平衡性也会影响教学效果。在组织了解中国习俗的包饺子活动中,韩国学生带来了大肉馅,他们的文化定式使得没有意识到整个小组活动中的穆斯林学生的文化,造成小组对话时的尴尬,影响到教学效果。其实,很多学生在分组活动时喜欢不同国家或者文化相近的学生在一起并会无意识用母语讨论,或者有意回避和对某一国家有文化偏见的学生在一起讨论,从而影响到学习效果。

总之,对某一国家的文化定式或文化偏见在对外汉语教学中经常表现为不合作行为,从而影响教学活动的顺利进行。

(三)跨文化交际能力在对外汉语教学中的运用

"跨文化交际能力指的是进行成功的跨文化交际所需要的能力或素质。"从对外汉语专业的角度,"跨文化交际"的概念可以这样界定:在特定的交际情景中,具有不同的文化背景的交际者使用同一种语言(母语或目的语)进行的口语交际。在中国,跨文化交际研究是改革开放的产物,是汉语国际推广战略决策的需要。对外汉语教师已经具备了教学所需的跨文化交际能力,但只是具备这种能力还是不能解决问题,关键是教师应懂得如何将自己的这一能力巧妙地运用到教学的各个环节中。

我们把对外汉语教师的跨文化交际能力想象成一个摩天轮,知识结构是"摩天轮"的支撑架,中心轴是对外汉语教师的教学能力,而"摩天轮"的每一个观光舱代表对外汉语教师具备的综合素质。当这三者结合在一起之后,"摩天轮"才能够平稳的旋转,教师也才能够将跨文化交际能力很好地运用到教学环节当中。

1. 语言交际能力的运用

（1）在课堂教学活动中的运用

案例 1："树"

伊老师赴吉尔吉斯斯坦人文大学教授汉语期间，担任初级班汉语课程，在一次讲解词汇时，出现了汉语中的"树"字，由于伊老师既不懂吉尔吉斯语又不懂俄语，当时也没有想起用画图的方式，不知如何向学生解释，她突然想起上楼时看见楼前种植的一排小树，即兴用手从三楼窗户指向楼下，叫学生们看，可是，楼下不仅有树，还有几辆停着的汽车和几辆自行车。在这种情况下该怎么让学生区分和明白老师的意思，如果学生误以为汉语中的"树"是指汽车，那就麻烦了，于是伊老师从三楼跑到一楼，站在一棵大树旁指给学生们看，同学们顿时笑了起来，也明白老师想要说明什么了。当伊老师气喘吁吁地上到三楼，走进教室时，看到黑板上画着一棵大大的树，她一脸的茫然，怎么自己就没有想到这个方法呢？还好值得她庆幸的是，同学们已经知道汉语中的"树"是他们母语中的"terek"了。

问题：从这则案例中我们可以看出，由于伊老师缺乏外语知识，与教学对象之间没有共同语言，不具备语言交际能力，又没有采用较为适合的教学策略，而且应变能力也未能及时发挥出来，从而使得自己的教学过程变得有点复杂了，不仅如此，为了讲解一个词的意思而花费了相对较长的时间。

分析：外语语言能力是指与不同文化背景、不同语种的其他民族之间交流时，准确表达自己的意愿，准确传达各种信息、便于相互之间理解和沟通的能力。这种能力不是天生所具备的，而是在学习和实践过程中经过长时间的努力获得的。

"在跨文化交际过程中，如果说话者语言能力欠缺，话语结构混乱，语言失准，词不达意，表达不当，就会造成交际过程中话语信息传递的困难，妨碍有效交际的实现，不但达不到我们预期的交际目的，有时还会引起一些误解，导致交际中断或失败。"反之，具备较强的语言交际能力，则会使教学过程简单化，减少一些不必要的讲解过程，教师也能够充分利用课堂上的每一分钟课堂上的每一分钟，讲解更多的知识。

案例 2："桌布"

某位教师在新疆大学国际文化交流学院实习教学期间，同样也讲解了一些词汇，由于该教师以前所学专业是俄语，而教学对象 97％都是懂俄语的学生，因此，教授过程很少出现语言上的沟通障碍。有一次，正好讲到桌布，他并没有使用俄语去讲解，而是用了新疆和中亚少数民族语言中常用的称法"dastirhan"。原本低头做笔记的学生们立刻抬头看了看他，然后脸上露出了微笑。

分析：该教师在该词汇的讲解上所使用的方式和语言，把握住了中国新疆少数民族与中亚国家民族间文化上存在的相似之处，将"桌布"最准确的含义传达给了学生，看得出学生马上就领会了其含义，假如当时该教师使用俄语来解释，虽然对他而言无所谓，没有太大的区别，可是对学生而言，可能记忆就不会像使用他们母语中的说法来解释那样深刻。并不见得对外汉语教师具备了某一门外语，就一定要把该语言死板地使用为自己的教学语言，偶尔使用一些学习者的语言作为教学语言有助于激发学生学习的积极性。能够在异国他乡偶尔听见自己的母语，或者母语中的个别词汇，会让学生有亲切感；有助于拉近师生之间的距离，增进感情。这一点涉及了对外汉语教师教学能力当中提到的亲和能力。虽然只是一个很不起眼的案例，但这也算得上是一种跨文化的交际策略。在某种程度上也可以体现对外汉语教师的跨文化交际能力。

案例3："数数"

在教留学生汉语数数时，一名教师借助几年前学会的塔吉克语，"yak, du, se, qor, panzh"将汉语数字从一数到了十，班里的塔吉克学生都笑了，相互之间交头接耳地说了一些什么又紧接着跟他数了起来，当他再次用汉语教他们时，他们就表现得很认真，而且记得也很快。

分析：当教授者掌握多门语言的时候，在教学过程中，可以根据需要发挥自己的语言能力，偶尔使用一些留学生所操的语言，这样不但能增加他们学习汉语的兴趣，而且能够调节课堂气氛，让教与学的过程变得轻松快乐。因此，在对外汉语教学过程中，我们在教书育人的同时，自己也应该不断地学习，学一学被教授者的语言，总结出一套更适合被教授者的教学策略。

（2）在教学管理过程中的运用

案例4："治理上课接电话现象"

在对外汉语教学的过程中，我们常常碰到一些在给本国学生上课时碰不到的现象。比如，留学生上课时的随意性很强，纪律意识较差，尤其是上课接电话的现象比较严重。像这样上课接电话的现象分为两类，一类是接到电话立刻起身往外走，从上课到打下课铃，不停的有学生为了接电话而进进出出；另一类干脆就坐在座位上接电话，有时声音大得没法让教师继续讲解课程。无论是哪一种接电话的方式，都在一定程度上影响着教师讲课的进程和效率。在笔者担任初级班口语课期间即使在开学时他已强调过不可以在上课时接电话，可还是出现了上述现象。于是，为了治理该现象，笔者采取了没收手机的措施：在讲课的同时注意观察是否有学生准备打电话或接电话。果然没过多久就有学生起身往外走，笔者没有阻止，等他接完电话进来坐下之后，笔者边讲课边走到那位学生旁边，慢慢地从他的课桌上拿起了他的手机并转身走到了讲台。下课后，那位学生来找笔者，"老师，我的手机……""你的手机我先帮你保存着，等到期末考试结束了，我一定还给你，好吗？"笔者回答道。"老师，为什么？""你问一下自己，问一下同学们，我为什么要拿走你的手机，然后再来问我为什么，好吧？"那位学生没有之声回到了座位。等到第二节课上课铃响过之后，笔者在全班同学面前再一次强调上课必须把手机关掉，不管是谁，只要上课接电话，或者有手机铃声响起，笔者都会没收机主的手机，等到期末结束一并退还机主。从那一堂课起，笔者的课上不再有手机铃声响起了，学生也可以安心地听笔者讲课了。

问题：上课接电话，手机铃声四起，课堂纪律差，学生静不下心，影响上课的效率。解决办法：没收个别学生手机以警告其他人遵守纪律，同时杜绝该现象的发生。

分析：从这则案例中，我们更能体会到，在与不同文化背景的人交流时，跨文化交际能力起着举足轻重的作用。在交际过程中，尊重是相互的，我们不能太过放纵或区别对待来自外国的学生。针对不同的现象，如果我们能够采取相应的措施进行治理，完全可以杜绝留学生上课时的一些不良习惯。我们不能只是单方面的尊重他人的文化，我们应该让留学生意识到中国高校有专门的规章制度是要求在校的每一位学生来遵守的。也要让他们学会尊重中国的文化、中国的教师。

案例 5："治理迟到现象"

据了解，在很多大学的国际文化交流学院都有一个共同现象就是，外籍留学生来到中国以后，时间观念变得很差，上课随意迟到，无故旷课。笔者也曾向留学生问起过原因，他们的回答是："我们在自己的国家不敢这样……"也就是说，这种恶习是他们来到中国之后养成的，那么既然是在这里养成的，治理措施也应该从这里实施。

在实习教学期间，发现班里同学就有上课爱迟到和早退的习惯，长此以往，必然会影响教学效果，于是，决定采取措施治理一番。有一天早上，提前十分钟来到了教室等待学生来上课，发现几乎一半以上的学生是踏着铃声走进教室的,剩余的则是陆陆续续,甚至还有人临近下课才到达。于是,当第一个学生晚于铃声走进教室的时候,笔者让他停留在入口处,他一脸疑惑地看着笔者,笔者说:"你看看现在几点了?"他低头看了看手表回答道:"10点15分。""那么你迟到了多长时间?"笔者接着问道,他没有作答。于是我告诉所有在座的人:"从今往后,自己如果迟到多长时间,就在教室最后一排站上多长时间听课,然后才可以上座,如果你们做不到,那么就等到所有人到齐之后再派人去办公室叫我来上课吧。行吗?"在座的同学都立刻同意了,因为留学生最害怕的就是老师生气不来上课。第二次来上课的时候,发现这个办法起效了,大多数学生都赶在铃声前后坐到了自己的座位上,极个别的学生迟到后主动站到了后排。

问题:上课迟到现象严重。解决办法:经过与学习者沟通和交流之后,采取学习者都能够接受对应措施进行治理,效果不错。

分析:以前院里开会常说"外事无小事,要对留学生区别对待",或许是我们没有真正理解这句话的含义,在教学管理过程中太过于放纵学生,无止境地忍让。可是笔者发现,在有些情况下,有必要把留学生也看作本国学生同等对待,越是把他们当外国人区别对待,有时候反而越会适得其反。虽然我们与外籍留学生在文化背景上有着很大的区别,但是文化毕竟还是有相似的地方。我们与教学对象之间完全可以凭借语言交际能力进行沟通和交流,让他们认识到,在中国学习文化知识应该遵守中国的规章制度,搞特殊只会让"摩天轮"倾斜。"摩天轮"倾斜了,自然教学效果就没有保障了,最终吃亏的还是教学对象本身。因此,在对外汉语教学过程中,应注意观察和把握学生的心理,学生学习的动机,正确运用自己的跨文化交际能力,采取适合于教学对象的教学策略,使教学达到最佳效果。

2.非语言交际能力的运用

毕继万先生在《跨文化交际与第二语言教学》一书中,借鉴西方学者比较统一的认识,将非语言交际粗略地分成了四大类,分别为:①体态语,包括基本姿势、基本礼节动作以及人体各部分动作所提供的交际信息。②副语言,也称类语言和伴随语言。包括沉默、话轮转换和各种非语言声音。③客体语,包括皮肤的修饰、身体气味的掩饰、衣着和化妆、个人用品的交际作用、家具和车辆所提供的交际信息。④环境语,包括空间信息、时间信息、建筑设计与室内装修、声音、颜色、标示等。前两类属于"非语言行为"。

后两类属于"非语言手段"在交际过程中产生的一些典型案例,我们就可以根据毕继万先生的总结来分类归纳。

（1）在课堂教学活动中的运用

案例6："单元考试"

经过一个月的学习，初级班语音学习阶段结束了，为了了解学生们对汉语语音的掌握情况，出了一份简单的试卷用于测试教学效果。周一上课时，通知学生们周三的课上要进行测试，也许是通知时教师的表情有些严肃了，同学们一听到要考试，神情变得慌张起来，问题也接二连三地开始了："老师考试难不难？""老师考的多不多？""老师可不可以下个星期考？"……从他们的提问中笔者察觉到了他们对考试的恐惧。笔者原本以为可能就中国学生害怕考试，没有想到留学生也不例外。于是，笔者向他们解释道："你们不要害怕或担心，这不是什么考试，只是做一些练习题而已，我会将试卷发给你们做，你们做完之后我也不会收上来的，所以请同学们不要有这种恐惧感……"同学们听完之后似乎放松一些了，但他们的表情中多多少少还是流露着对这次所谓的"做练习"的恐惧感。下课后笔者才后悔自己不该这么早告诉同学们有关测验的事情，因为笔者的这一个随口通知首先影响了整个两个课时的课堂气氛，同学们已不再像往常那样集中注意力听我讲，眼睛看着书或黑板，但脑子里在琢磨别的。其次，这一个随口说要让同学们紧张的直到周三都要没法安心休息了。

问题：在这则案例中，笔者未能正确发挥跨文化交际能力而造成了这一交际的失败。即便笔者一再地作出解释叫同学们不要害怕，可是失误已经出现了，想要彻底不让同学们担心似乎已经不可能了。

分析：语言作为一种特殊的社会现象，作为最重要的人类交际工具之一，在交际中一直扮演着重要载体角色。在类似的情况下，我们应该事先跟同学们聊一聊"考试"，通过沟通和交流把握他们对考试的想法和态度，然后做出总结，选择最恰当的形式，找一个适合的时间进行教学测试才是明智的。

案例7："微笑"

口语课上，词汇教学不是关键，口语课应当把培养学生的汉语口语交际能力放在首位，而对于初学者，口语课使用记忆法是记住词汇的最佳方法。于是，笔者在语音教学阶段结束后的第一堂课上要求学生背诵全篇对话。第二天上课，同学们很积极地举手要求给笔者背诵对话，为了培养他们上课发言的积极性，笔者抽查了几名学生。在他们背诵过程中，为了表示对他们背诵对话的熟练程度的肯定，笔者面带微笑地看着正在背诵对话的学生，没有想到，笔者的这个微笑却让正在背诵对话的学生停了下来。笔者疑惑地看着他，而他却用更疑惑的眼神看着我。笔者说："背诵得好好的，怎么就停下来了呢？"那位学生回答道："老师，我看你在看着笑，我以为我背错了，所以停下来了。"

问题：笔者的面部表情—微笑，是想表示对学习者学习能力的肯定，可是由于文化上的差异，学习者未能正确领会这个微笑的含义，以为笔者是在嘲笑他。因此，相互之间理解有误，导致误解产生了。

分析：英语国家的人常常对中国人的面部表情和微笑感到不可思议，有人甚至将中国人的微笑称为不可捉摸的微笑。中国人的微笑的确具有含义丰富的神奇作用。微微一笑可以表示领受对方的好意，可以表示赞赏，表示不同意，表示不屑一说，表示听不清对方说了一些什么，就好像未曾听到过一样。微微一笑还可以表示回避及其他多种不便或不愿明确表态的含义。可见，外国文化知识的必备，对教学对象文化背景的掌握在跨文化交际中起着举足轻重的作用。当交际双方对彼此的国家概况、民族构成、生活方式、风俗习惯了解得越多，在交际过程中失误产生的也越少，交际能力也会发挥的越好。

案例 8："颜色的教法"

在实习教学期间，笔者常常会利用闲暇时间去其他班级听任课教师授课，以便从中吸取经验教训，学习他们较好的教学方法。

有两次听课，笔者听到的内容是一样的，只是班级不同，学生不是同一批学生，授课教师也不是同一个人。这样的课听起来更有对比性，能够让我们在对比中学习，有比较的选择更好的教学方法。

记得那两堂课教的都是"颜色"，教学对象是 A1 班的初学者，不懂汉语，而吴老师与教学对象之间没有共同语言，于是为了给学生上好这一堂课，吴老师在备课时精心准备了一大堆色卡用于教学环节当中。上课时，吴老师先把每一种颜色的读法、写法全部介绍了一遍，同时，每教学生一种颜色，他就会拿出相应的颜色卡片给学生看。这个生词教学环节结束后，吴老师将手中的色卡分别发给了班里的同学，然后自己随机说出一种颜色，让在座的学生快速反应并举起色卡来核对。整个教学过程很有趣，课堂气氛也很活跃。

同样的内容，在 A2 班采取的教学方式就不一样。教学对象与 A1 班一样，也是初学者，授课教师李老师与教学对象之间有共同语言—俄语，于是，李老师备课内容里并没有像吴老师准备的那些教具。李老师凭借俄语语言能力向学生一一介绍了每一种颜色的读法、写法以及在俄语中对应的含义。教学过程枯燥无味，学生勉强地听完了那堂课。

分析：虽然吴老师采取的教学策略有点烦琐，在备课时花费了太多时间用以准备教具，但是教学效果却很好，课堂上学生表现得也很活跃，学生们在娱乐中学会了汉语中颜色的读法。而李老师采取的是翻译法进行教学，这样没有必要像吴老师那样花一大堆时间来备课，但是教学效果却不怎么样，学生的兴趣未被提起，课堂气氛自然就不如 A1 班那样活跃了。学生在课下还需要花费大量的时间来背诵和记忆生词。

（2）在教学管理过程中的运用

案例 9："对手势的误解"

小王是阿列格来到中国留学认识的第一个中国人，也是他现在最要好的朋友。阿列格是俄罗斯人，在他们刚刚认识的时候，两个人都借助不太熟悉的英语进行交际和沟通。

有一天，小王和阿列格在篮球场上打篮球，这时旁边走过了几位小王的同班同学。他们跟小王打了个招呼，小王为了向同学们介绍自己的外国朋友走到同学们身边一手指着阿列格一边嘴里还不停地夸着阿列格的友好。可是站在远处的阿列格看见小王用手指着他嘴里还不停地给人家说着什么，他有点不高兴了。"为什么他要用手指指我，难道是他不喜欢我这个朋友还是我做错什么了？"阿列格想着。听小王介绍完之后，小王的同学们离开了篮球场，小王和阿列格继续留下来打篮球。

后来有一天，当阿列格问起这个事情时，小王一脸的茫然。小王解释道自己的行为并不代表对他的不满或不尊重，只是由于当时篮球场上人比较多，为了让朋友们区分开，所以自己用手指给他们看了。

问题：一个简单的手势动作在不同的文化背景下包含不同的意思，虽然在我们国家朋友之间用手指互相指认对方没有什么不对劲的，可是在外国文化里，这种手势语表达的是对人不尊重，因此，在这则案例中产生了一次小小的误解。

分析：常言道"百里不同音，十里不同俗"，在跨文化交际过程中，如果交际者的外语知识掌握得不够好，或交际者不了解其他民族文化的特点，或者文化背景有着很大的差别，那么经常会导致交际者在交际过程中出现语言运用或者非语言上的失误，造成交际失败甚至交际冲突。其中，在导致这些失败或冲突的诸多因素中，最值得我们关注的就是交际双方生活习俗文化的存在与差异。结合中外文化差异来分析不同文化习俗中存在的各种现象，可以更好地理解隐藏在现象背后的原因，而这些原因又可能是受了或心理上的，或思维上的，或地理环境因素的影响而产生的。

综上所述，对外汉语教学实践告诉我们，如果在教学过程中能够做到语言知识、语言技能教学同文化教学相结合，同步并进，才能取得更好的教学效果。因此，作为一名从事汉语国际教育的对外汉语教师或者有意从事对外汉语教学的人来讲，必须得具备一定的跨文化交际的相关知识，以帮助不同文化背景的人学会更好地了解对方，让他们意识到如何才能在合适的文化氛围中，做出恰当的语言交际行为。如果意识到了交际失误，应采取怎样的补救措施来调整自己的言语行为规范，避免交际冲突加深。

对外汉语教学过程更是一种频繁的跨文化交际的过程，这必然对教师的跨文化意识和跨文化交际能力提出了挑战。所以，对外汉语教师面对教学对象时，更应该注重自己的言行，将跨文化交际能力合理地运用到教学环节当中，避免各类障碍或冲突出现，要保障教学过程的顺利，只有这样，对外汉语教师才能够按期完成教学任务，使汉语推广工作顺利进行下去。

第二节　跨文化视角下对外汉语教学的历程

一、汉语教学事业的开创阶段

（一）开创阶段的历史背景和发展历程

20 世纪 50 年代初到 70 年代末，是我国对外汉语教学事业的开创期，在这 20 多年间，这项新的事业在摸索和试验中不断积累经验，在特定历史条件下曲折发展，用实践勾勒着对外汉语教学的基本轮廓，逐步走上了汉语教育正规化的道路，并为后来学科的确立和发展奠定了良好的基础。这是一次重大的转变，从这个时期起，针对外国人的汉语教学不再是民间零零碎碎的"小打小闹"，而成了受到政府支持的正规的学校教育。完成这样的转变并不是一蹴而就的事情，而是一个艰难的、渐进的发展过程。我们又可以将它分为三个时期。

1. 初创时期（1950—1961 年）

对外汉语教学事业的发端，起源于 1950 年，应当时东欧国家捷克斯洛伐克和波兰的要求，我国与这两个国家各交换了 5 名留学生，同时又主动和罗马尼亚、匈牙利、保加利亚、朝鲜等国进行学生交换，总共接收了 33 名留学生。同年，在周恩来总理的关照下，清华大学成立了东欧交换生中国语文专修班，对这批学生实施汉语预备教育，为将来运用汉语学习其他专业做准备，这是我国第一个从事对外汉语教学的专门机构。这个班于 1951 年年初正式上课，学制两年，由在国外从事过汉语教学的邓懿、王还等担任教师。第二年，因为全国高等学校院系调整，该班被移至北京大学，更名为北京大学外国留学生中国语文专修班。与此同时，为就近培养越南留学生，1953—1957年，广西开办了专门针对越南学生进行汉语教学的南宁育才学校附属中文专修学校和桂林中国语文专修学校。除此之外，50年代末到60年代初，为了对大批获得民族独立的非洲国家留学生进行汉语教学，北京外国语学院成立了非洲留学生办公室。1961年北京大学和北京外国语学院的这两个留学生机构合二为一，改称"北京外国语学院外国留学生办公室"。

初创阶段，整个对外汉语教学工作刚刚起航，一切都处于摸索阶段。从教学规模来看，师生数量都比较少，1950—1961年11年间总共才接收了3215名留学生，1961年我国在校外国留学生总数仅为471人。这个阶段的对外汉语教学虽然都是进行的正规的学校教育，但教学机构很不稳定。

2．巩固时期（1962—1965年）

经过20世纪50年代的艰苦摸索和经验总结之后，对外汉语教学事业呈现出良好发展的势头，具体表现在以下几点。

（1）教学规模不断扩大

1962—1965年短短4年间，我国接收了外国留学生3944名，比前11年的总和还要多，1965年的在校留学生人数是1961年的7倍多，对外汉语教学事业出现了蓬勃发展的新局面。

（2）师资培养逐步展开

由于学生数量增加，为解决师资问题，北京语言学院举办了全国性的对外汉语教师培训班，并为储备出国汉语师资举办进修，还创办了专业刊物《外国留学生基础汉语教学通讯》，展开教学经验交流。

（3）教学类型有所增加

1962年，中国国际广播电台开办了"学中国话"和"汉语讲座"节目，厦门大学还扩充了海外函授部，除汉语预备教育外，又增设了汉语翻译专业，这些都进一步推动了对外汉语教学事业的发展，标志其进入了巩固和发展阶段。

3．恢复时期（1972—1977年）

20世纪70年代初，国内国际形势都发生了较大的变化，随着我国联合国合法席位的恢复，以及美国总统访华、中日邦交正常化、中外建交数量增多等外交上的一系列重大突破，多个国家开始要求向中国派遣留学生，对外汉语教学工作的恢复势在必行。1972年，北京交通大学恢复招生，接收了200名赞比亚和坦桑尼亚留学生。同年，北京语言学院复校，留学生招生工作开始在全国各大高校陆陆续续恢复。1973年12月28日，第28届联合国大会一致通过把汉语列为大会和安理会工作语言之一，汉语在国际上的地位推进了一大步，也为对外汉语教学事业发展起到了一个助力器的作用。从1973年到1977年，全国共接收了来自72个国家和地区的2288名留学生，分布在9个省市的28所高校。对外汉语教学恢复以后，学习文科专业的欧、美、澳等西方国家留学生比例明显上升，除了传统的汉语预备教育以外，北京语言学院开始设置四年制汉语本科专业，对外汉语教学的框架有了全新的突破。

这一时期尽管招生和教学工作经过艰辛努力逐渐恢复，但由于受到"文革"的严重冲击，基础设施、师资力量、管理建设等方面都百废待兴，困难重重。各个高校接收留学生的能力极其有限，教学规模也远未达到"文革"前的水平。

（二）开创阶段对外汉语文化教学的特点

在对外汉语教学事业开创阶段，由于各项工作都刚刚起步，对汉语作为外语的教学规律认识还不够深入，教学理论和教学方法等方面也都处于探索阶段。由于当时时代的局限和历史的原因，从教学理论研究来看，这一阶段还缺乏明确的学科意识和教学理论，尚无系统深入的理论研究，只有寥寥数篇文章，以记录教学体会、总结教学经验为主，集中在探讨教学方法、解决具体问题的浅表层面上。从教学实践情况来看，这个时期的对外汉语教学由于在最初发展阶段就得到了吕叔湘、邓懿、王还等优秀语言学家和语言教学专家的参与和支持，使我国的对外汉语教学事业一开始就具备了雄厚的师资力量和良好的教学传统，已经注意到汉语作为外语的教学和本族人汉语教学的区别，为学科以后的发展奠定了坚实的基础。文化作为语言的一部分，仅仅在用作教学内容的课文中有零星的闪现，在教学实践中由于语言知识讲解过于琐细，课文所涉及的生活面过窄，更使得文化在语言的学习中缺少进入的时间和空间。当时虽然也有设置一些文化类的课程，但是这类课程与语言教学完全脱离，且随意性很大。从对外汉语教学最初的演进历程，我们可以清晰地窥见其教育宗旨、教学内容和课程设置的细微改变。

1. 强调语言技能培养

在对外汉语教学的发展历史中，培养语言技能目标的确立是沿袭了传统的语言教学的做法。我们把这个阶段的教学目的归纳为"以语言技能培养为主"，是就总体情况而言的。这期间，虽然大家普遍主张培养语言技能，但各个年代的具体主张和做法略有不同。

20 世纪 60 年代基本沿袭 50 年代的目标取向，仍然是培养语言技能，但在具体做法上做了一些调整。当时的外国留学生高等预备学校为了使汉语预备教育更加有效，曾于 1962 年和 1963 年先后两次对留学生学习情况展开调查，结果发现，留学生即使经过一两年时间的汉语预备教育，汉语障碍仍未排除，尤其是听、读能力不能适应专业学习。于是针对不同专业、不同阶段的学生进行了调整。

70 年代的对外汉语教学在教学实践和教材编写方面继续坚持以培养听、说、读、写语言技能为目的，但更加理论化和系统化了。《基础汉语课本》所秉持的教学目的，代表了这个时期对外汉语教学的主要倾向，它继承了传统的语言能力培养目标。与此同时，随着人们对实践性教学原则的深入探讨，汉语教学目标也酝酿着突破。但是这个目标还只是在理论上的模糊认知，对于交际能力和语言技能这两个概念的区别也缺乏界定。

从以上我们对教学目的的梳理中可以看出，这一阶段对外汉语教学的目标主要还是为了培养语言能力，强调语言教育的"应用"功能，突出汉语的工具性作用。文化作为语言相伴相生的产物，还根本没有进入对外汉语教学目标的视野，这与当时人们的认知局限有关。第二语言教学虽然与人类文明几乎同时开始，但现代意义上的第二语言教学还只有一百多年的历史。19 世纪末以前的第二语言教学以翻译法为主，注重系统语法知识讲解，通过母语翻译手段来培养学生的阅读和翻译能力。19 世纪末到 20 世纪 60 年代，人们认识到外语读写能力已不能满足社会需要，于是直接法、听说法等第二语言教学流派相继产生，开始重视口语教学，注重听说读写能力的全面培养。对外汉语教学的目标显然也受到国外语言教学法流派的影响，还停留在关注语言技能训练的层面，忽略语言的社会交往功能，更遑论深入到语言文化层面的思考了。

2. 重视语言知识传授

在教学过程中，侧重从语言规律出发，以传授语言知识为主，再围绕语言知识进行练习。当时教学的基本步骤，大多是先教汉语拼音字母和拼音法，接着由只有拼音没有汉字的课文逐步过渡到拼音与汉字对照的课文然后在学生掌握一定数量词汇的基础上开始讲授语法，最后讲授一些主题短文，强调语言学理论的指导，同时也注重学生语言技能的提高。从教材编写来看，也基本上是以语言知识体系为线索，将语音、词汇、语法串联起来。我们以这个阶段三本代表性教材的内容编排为例加以说明。

1958 年由邓懿等编写的《汉语教科书》经商务印书馆正式出版，这是我国国内第一部对外汉语教材。这部教材集中体现了当时语言理论的成果，全书包括绪论、语音、语法三部分，其中"绪论"部分约 2500 字，简要介绍了现代汉语的基本特点；"语音"包括理论 8 课、口语练习 4 课，通过音素、拼音、声调等练习，先系统介绍《汉语拼音方案》，然后再过渡到简单的短句和对话；"语法"部分包括 60 课、170 条语法解释点。教学内容以语法为纲，重视系统的语言知识的讲授，采用演绎法，通过听说读写的训练来强化语法知识。这套教材第一次提出了对外汉语教学语法的独特体系，将对外汉语教学与汉语的母语教学区分开来，一直影响着后来对外汉语基础教材的编写。60 年代的《基础汉语》在内容方面仍然注重语言的指导和训练，以传授系统语法为中心的局面仍没有从根本上改变。该书分上、下两册，共 66 课，前面 12 课为语音和短句练习，自 13 课起，每课结合课文适当讲一点基本语法，并根据所讲语法点编写一些范句。只是这套教材从原来过多的语法理论讲解逐渐转移到重视语言技能的训练上，突出和强调了语言实践在教材中的地位，语法注释相对简明扼要，通过典型的"范句"体现语法规则，进行大量的句型操练。70 年代受国外"听说法"和"句型教学法"的影响，北京语言学院编写了一套新的教材——《汉语课本》，这套教科书共四册，第一、二册共 44 课，其中语音部分 12 课，包括现代汉语的全部声母、韵母和声调，语法部分 32 课，包括 80 多个句式，每课有简要的语法和词语注释。这套教材把句型、课文、语法三者结合起来，淡化了语音、语法、短文截然分开的界限，还增设了会话一项，从语流入手，以语流带语素，实用性得以增强，但语言知识的影响仍然浓厚。

由上可见，重视语言知识的传授是这一阶段的主要特点，只是逐渐由重视语言理论学习向在语言理论指导下培养语言技能的方向转变。然而，由于文化与语言的天然联系，有关文化的内容还是不自觉地进入到对外汉语教学中来。这些文化的内容虽然在当时并没有引起人们的注意，纳入教学实践，但是在教材中文化与语言自然融合，这是不争的事实。而且这些文化内容受到时代背景和政治因素等的影响，带有那个时代特有的文化色彩。

教材中的文化内容主要体现在词汇和课文中。词汇的选择多是带有鲜明的时代背景并在那个时代使用较为普遍的一些特定词语。如 50 年代《汉语教科书》中的生词表里，出现了"白毛女、干部、公社、合作社、社员"等，60 年代的《基础汉语》里有"红灯记、收音机、同志、礼堂"等，70 年代的《汉语读本》

的生词"赤脚医生、炊事员、生产大队、地主、贫农、下中农、精兵简政"等。这类语汇大都受当时特定的社会政治和经济制度制约,不仅在其他语言中难以找到确切对应的词,而且只出现在那个特殊的年代里,进入常用的语境。这些词汇的教学如果不讲清楚有关制度和文化背景知识,外国学生理解起来恐怕就不那么容易了。

3.语言教学和文化教学割裂

从20世纪50年代初到70年代末,在对外汉语教学中,并非完全没有文化的教学,只是语言教学和文化教学是截然分开的。在当时刚刚设立的"中国语文专修班"所开的课程上,除了开设有语言方面的课程,还有中国文学、历史、哲学、中国概况等。教授这些课程的老师大部分来自中文系,也有来自外语系、历史系、哲学系等专业领域的老师,根据各自的专业特长分别承担相应的教学内容。很多时候这些课程存在因人设课的现象,也就是学校拥有哪方面文化专业知识的老师,就为学生开设哪门课。其他承担了对外汉语教学任务的高校也大抵如此,一般来讲,都为外国学生开设了中国概况课,主要向他们简要介绍中国的政治、经济、历史、地理等方面的情况,尤其偏重于政治和当代社会的讲解。这些课程的讲授往往借助于学生的母语或其他媒介语进行,课程性质大都属于选修课,以学生自愿参加为主。

这些文化类课程的设置,主要出于政治方面的考虑,而不是从语言和文化的关系角度来思考课程的性质和内容,因而政治教育的色彩相对比较浓厚,但也注意到了内容的可接受性。"文化大革命"结束以后,由于语言教学理论和教学法流派的冲击,文化类课程一度还出现了"被淡化"的局面。

此外,受20世纪60年代提出的"实践性原则"和70年代"开门办学"的影响,有的学校还开设了语言实践课,对外国学生也实行开门办学。其形式主要是在老师的指导下组织学生深入到校外、工厂、农村等去进行语言实践活动,让学生接触中国社会,听取各种介绍,与各阶层人士进行实际交谈,了解中国的现实状况。从某种意义上讲,这样的实践活动也可以看作是文化课程的设置。总体而言,文化课程的设置较为随意,文化的教学也不受重视。

二、汉语教学学科的发展阶段

(一)我国汉语教学学科的基本情况

国际汉语教学学科是整体第二语言教育学科的分支学科之一,它是一个研究领域广、研究对象多的一个综合性较强的学科，也是一个和事业发展以及第二语言教育学科整体发展密不可分的学科。

国际汉语教学学科以汉语作为第二语言的国外学习者（包括在国外学习和来华学习者）为主要对象，以汉语教学和中国文化教学为主要教学内容。因而，国际汉语教学学科是以汉语作为第二语言教学的教育原则、教学内容、教学规律、教学过程和教育方法为主要研究内容，并用以指导具体教学实践的一门独立学科。这一学科研究领域十分广阔，无论是作为教学活动主体的学习者和老师，还是作为第二语言的汉语乃至教学活动本身，以及这几方面的特点、关系、规律等都是我们学科研究的对象。除此之外，能对学科产生影响的语言环境、国家方针政策等都是我们这一学科研究领域所不能忽视的内容。

从学科的基本原则来看，国际汉语教学学科主要由十条基本原则作为学科支撑。第一条也是最重要的一条，就是交际性原则，即掌握汉语基础知识和基本技能，学习如何正确运用汉语进行交际；二来要以学生为中心、教师为主导，重视情感在其中所扮演的角色，积极调动学生主动性、创造性；第三条是要将结构、功能、文化相结合；四来要强化汉语学习环境，加大汉语输入，充分结合自觉学习与自然习得这两种输入模式；五来要精讲多练，发挥语言知识的指导性，同时要筑牢言语技能和言语交际技能的训练的中心地位；六来要将中心落在句子和话语之上，完善语音、语法、词汇、汉字综合教学；七是增加重现的频率，即要一步一个脚印地掌握，螺旋式地提升语言水平；八要更为直观，将现代化教学技术手段更充分地运用到教学当中。这八条原则为国际汉语教学学科的发展奠定了基石，也从大体上为整个学科的发展把握了航向。

从学科的理论体系来看，国际汉语教学学科从理论层面分为支撑理论、基础理论与应用理论，它们共同搭建起学科发展的理论基石。从支撑理论而言，国际汉语教学学科的支撑理论包含于学科关系最为密切的七个基础学科，包括语言学、心理学、文化学、教育学、社会学、哲学以及横断学科。这些学科从语言本质、教育本质、语言运用本质及语言学习本质的角度为学科理论建设提供养料。就基础理论来说，学科一是关注汉语语言学，从教育学角度来对汉语本身进行语言学分析，对汉语本身进行理论研究；二是关注汉语习得理论的研究，侧重对汉语学习者的学习过程与规律进行心理学视角的分析；三是重视国际汉语教学理论的探索，建立在对汉语本体和习得心理的了解基础上，研究如何更为有效地使学习者掌握汉语；四是尝试探索学科所选用的研究方法，旨在寻找更为适合本学科的具有针对性的方法论原则，特别是本学科特有之方法。而应用理论的研究则更为直接地服务于教学实践，探索如何将支撑理论与基础理论应用于学科实践之上，更直接地对教材编写、测试评估、师资培养等领域进行指导，更直接地服务于教学实践环节。

国际汉语教学学科本身是一个交叉性较强的学科，在知网上以"对外汉语教学"与"对外汉语教学研究"为搜索条目检索，以及对《世界汉语教学》《语言教学与研究》等国际汉语教学代表性刊物近些年所发文章大致整理，不难看出，当前国际汉语教学学科的整体研究大体上集中在以下几个方面：一是语言本体知识方面的研究，其中包括汉语语法、汉字、词汇、语音等方面，对汉语本体的研究也构成了国际汉语教学学科理论研究的一个重要组成部分；二是汉语言认知和教学方法的研究；三是文化方面的研究，包括中华文化方面、汉字文化和交际文化等内容；四是汉语教学所选用教材方面的研究。包括教材编写的相关理论和模式、教材评估、教材本土化和国别化等问题。五是学科发展与学科建设相关问题研究。包括学科性质、学科理论，学科现状、学科发展等方面的研究。如李泉、崔希亮等学者关注到了国际汉语教学学科整体的发展现状，从事业与学科的双重属性以及学科前景等角度，对国际汉语教学学科的建设问题提出了一些颇有见地的论述；六是教师素质和教师培养方面的研究，尤其关注当前在海外执教的汉语教师的教学素养与教师培养问题。七是新科技与汉语教学发展研究。如网络教材、网络教学、多媒体教学等等；八是对比性研究。包括外语教学与国际汉语教学、中外语言语法对比、文化对比等。此外还有汉语言文化推广策略、孔子学院建设等政策性方面的研究。

（二）汉语教学学科的发展历程

开创时期的对外汉语教学在留学生汉语预备教育的推动下，已经迈出了稚嫩而坚定的步伐，虽然前进的步子较为缓慢，对语言与文化的关系也尚未给予充分的重视，但实际上人们对它的认识也在不断加深，语言教学开始由"结构型"向"结构功能型"转变，为文化教学进入对外汉语教学创造了条件，也为对外汉语教学学科地位的确立奠定了良好的基础。1978年，党的十一届三中全会提出实行改革开放，中国经济开始飞速发展，引起了世界各国的极大关注。当封闭已久的大门向世界重新开启，古老而又年轻的中国开始向全世界人民展示自己的当代风貌和悠久文化，世界也对这个神秘的国度充满了好奇，迫切希望与中国增进了解、加强合作，掀起了一股"中国热"，"中国热"又带动"汉语热"，要求学习汉语的人数日益增多。宽松的国内政策和和平的国际环境为对外汉语教学事业带来了繁荣发展的良好条件，其面貌开始发生重大变化。

1. 文化研究起步（1978—1988 年）

伴随对外汉语教学学科地位确立的是其前所未有的发展速度，从 1978 年到 1988 年，仅从政府渠道接收的外国留学生就将近 5 万名，他们来自 130 多个不同的国家，相当于前一时期 20 多年总数的 5 倍，此外还有一些校际交流途径而来的学生人数无法统计。学生人数快速增长，教学规模连年扩大，从事对外汉语教学工作的高等院校也迅速扩充，很多学校还设置了专门针对对外汉语教学的"学院"或"中心"。在对外汉语教学事业开创阶段，主要进行的是非学历汉语预备教育，进入蓬勃发展阶段后，单一的非学历教育已不能满足不同渠道来华学习汉语的留学生需求，开始朝多类型教育发展。从非学历教育来看，进一步细分为长期和短期汉语进修教学。短期进修班可以视留学生已有汉语程度、学习时间长短、学习主要目标等因素，有针对性地展开教学，满足了不同学习者的多种要求，因而得到迅速普及，发展极快，到 80 年代相继有 100 多所高等院校参与其中。而长期进修班则主要针对一些国外中文专业学生、访问学者、外国机构团体委托培训的进修人员等，学习时间相对较长，汉语水平要求相对较高。汉语学历教育则是为了培养高层次汉语人才，于 1978 年在北京语言学院首次创办四年制现代汉语本科专业，以外国留学生为对象，主要培养汉语教师、翻译和汉语研究人员。1986 年又开始招收外国硕士研究生，从而形成了多类型、多层次的完整教学体系。

与此同时，专门的研究团体和领导机构也逐步成立，开始从学科建设和发展的高度对汉语教学进行宏观、系统的研究和指导。尤其是 1988 年国家对外汉语教学领导小组办公室公布的《1988—1990 对外汉语教学科研课题指南》中，将"文化因素在对外汉语教学中的作用""汉语和汉语教学在外国人接受中国文化并形成中国文化观过程中的作用"等作为基础理论研究的内容，说明文化进入对外汉语教学的意识已经清晰形成，并开始纳入学科理论研究的框架，迈开了大步前进的步伐。

（1）对外汉语教学观念的转变

在时代进步和学科发展的大背景下，文化逐步进入语言教学的研究视野。1965 年，美国语言学家戴尔·海姆斯（Dell hymes）首先提出了"语言交际能力"这个概念，即运用语言（或非语言手段）进行社会交往的能力。他认为一个人的语言能力不仅指能否说出合乎语法的句子，还包括能否在一定的语言环境中恰当地使用语言。他进一步解释了交际能力的四个特征：语法性（语法上是否正确）、可接受性（交际中能否被接受）、得体性（语境中是否恰当）和现实性（现实中是否常用）。海姆斯"交际能力"的提出在第二语言教学中引起了根本性变化，它对语言学习提出了更高的要求，即不仅要掌握听、说、读、写等语言技能，还要求学习者在具体的交际情境中能运用所学语言说得适切、得体。这一理论直接导致 70 年代功能教学法的产生，这是一种全新的教学思路，它把培养学生的交际能力作为教学的目的和手段，从学生的实际需要出发，以功能意念项目为纲来编排教学内容，倡导语言的社会功能。

国外语言学理论由重视语言结构形式向关注语言意义和功能的研究转变，在改革开放的大环境下，这些教学理论和方法被广泛地介绍和引进国内，为对外汉语教学提供了良好的借鉴，也开始转变语言教学的观念。1983 年美国俄亥俄州立大学教授黎天睦在北京语言学院教授"现代外语教学实践及其理论"这门课，开辟专章讲授《外语教学中的社会与文化因素》。1984 年张占一发文首次提出了"交际文化"的概念，他认为在语言交际中可能会因为"缺乏有关某词、某句的文化背景知识而产生误解"，并将语言教学中的文化内容分为"知识文化"和"交际文化"两大类："所谓交际文化，指的是两种不同文化背景熏陶下的人，在交际时，由于缺乏有关某词、某句的文化背景知识而发生误解。这种直接影响交际效果的文化知识，我们称之为'交际文化'。"这一概念的提出，在学术界引起了强烈的反响，成了对外汉语文化教学中讨论最多、争议最大也是影响力最广的观点之一。

随后，赵贤州首先肯定了张占一的说法，认为"从外语教学角度看，把文化分为知识文化与交际文化较为可取"，并对交际文化的定义作了进一步的补充："主要指两种文化的人进行交际时直接发生影响的言语中所蕴含的文化信息，即词、句、段中有语言轨迹的文化知识，它主要以非物质为表现形式。"此后，围绕着"知识文化"与"交际文化"的定义，人们展开了很长一段时间的讨论，或是进一步完善补充"交际文化"的概念内涵，或是探讨"交际文化"的内容，或是分析"交际文化"差异形成的原因等，十分热烈。如：吕必松结合自己的经验对这一概念进行了新的阐释，他认为："所谓'交际文化'，我们也可以理解为隐含在语言系统中的反映一个民族的价值观念、是非标准、社会习俗、心理状态、思维方式等跟语言理解和语言使用密切相关的一种特殊的文化因素。"与此同时，也有一些学者对此发表不同意见，如：周思源在肯定"交际文化"的贡献的同时，也指出"知识文化"和"交际文化"的相对性与可变性，同分类学的基本特征是相抵触的。其相对于可变很容易造成分类的混乱，从而导致教学的混乱。赞同与质疑的声音并存，纷争可谓激烈。因此，张占一"交际文化"

概念的提出，可以看作是对外汉语教学开始文化研究的发端和导向。它吸收了社会语言学的观点，从功能的角度将文化置身于语言教学之中，改变了语言教学中文化范畴的笼统观念，同时也带动了对外汉语教学界对于"与语言教学有关的文化因素"的探讨和研究，为对外汉语教学中的文化研究开辟一条新路，创造了良好的学术氛围。由此开始，对外汉语教学界逐渐把研究的视角转向如何"排除语言中的文化因素障碍"上来。

差不多同时，美国教授黎天睦经过大半年的广泛调研，在谈到中国对外汉语教学现实状况时提出："外国留学生忽视中国日常风俗、一般的寒暄语、中国人对人与人关系的看法以及基本的文化背景知识。……更普遍的是很多外国学生从运用一般汉语问候语到正确处理师生关系这个广泛领域内，其反应都是不符合中国文化、习惯的。中国对外汉语教师跟美国对外英语老师一样，长期与外国学生接触，学会了容忍和原谅这种现象，乃至最严重的文化上的不妥行为。但是，除了与之保持一定距离以外，要想对付那些不愿和不能克服文化上的不妥行为的人，仍然是困难的。"除此以外，徐志韫、陈光磊、毕继万、胡明扬等也都纷纷发表文章，阐述文化因素在对外汉语教学中的作用、地位等。

这一时期，对外汉语教学界对语言教学中的文化研究还刚刚起步，人们大都是就课文的文化背景知识和隐含在言语交际中的文化因素重要性进行阐述，揭示了语言内容、文化因素、交际技能和文化背景知识的关联性，长期被忽视的文化因素受到了越来越多的重视。尤其是"交际文化"概念的提出，为20世纪90年代以后的文化研究打下了坚实的基础。这是对外汉语教学在发展过程中不断总结自己的经验并兼容并蓄的结果，也是理论与实践相结合的产物。但是这个阶段还没有出现真正能够满足和指导对外汉语教学实际需要的理论成果，相对于80年代以前将文化教学完全置之于语言教学之外，或是仅仅在课文后附录一点文化知识的做法无疑是前进了一大步。应该说，这阶段为文化教学的研究创造了良好的开端，但大部分都属于经验型的讨论和直觉的思索，理论研究成果虽显丰硕，实践研究成果却相对薄弱。

（2）对外汉语教学实践的尝试

这一时期，由于课堂教学时间和语言操练方式的限制，文化知识在课堂教学中的讲解还没有充分展开，文化教学实践方面的研究，也显得比较寂静，但是在新的语言理论影响和语言教学观念改变的大环境下，文化内容开始主动体现在课程设置和教材编写中。

20世纪70年代后期，北京语言学院建立了我国对外汉语教学的第一个本科专业——来华留学生二系现代汉语专业，专门培养中高级汉语人才。该系从本科二年级起就开始设置中国文化史、中国古代史、中国近现代史、中国古代文学史、中国现代文学史、中国旅游地理等专门的文化类课程，就中国文化的某方面作较为系统、全面的介绍。这类课程的设置使文化知识的学习变得更加专题化和系统化，文化的内容不仅只是零星无序地出现在语言教学和教材中，而且以独立、完整、系统的形态，成为对外汉语教学课程体系中的一个分支系统。这样的文化教学除了能为语言理解提供深层的内涵支撑，间接地支持语言技能的提高以外，还能使学生的整体知识结构得以完善。

由于当时流行的听说法等教学方法效果不是很理想，不利于学生交际能力的培养，功能法作为一种把培养学生的交际能力作为教学主要目标的新语言教学法，很快受到对外汉语教学界的重视，开始以功能、意念项目为纲来编排教学内容。这种以结构为纲、兼顾交际功能的结构－情境－功能相结合的模式与教学需要不谋而合，很快得到了广泛应用，以《实用汉语课本》为代表的结构－功能型教材受到广泛欢迎。1981 年由刘珣等编著的《实用汉语课本》是专门为我国教师在国外进行汉语教学而编写的教材。当时，我国改革开放的政策已经开始实行，实事求是的思想路线也已经重新确立，在社会、政治环境的背景下，在新的教学思想指导下，《实用汉语课本》的课文内容发生了较大的变化，我们以第三册课文篇目为例：

第一课　到中国旅游

第二课　新疆见闻

第三课　壮丽的三峡

第四课　在上海－古波的日记

第五课　西湖边的神话

第六课　丁大娘谈家常

第七课　他们俩和好了

第八课　在老队长家做客

第九课　方兴的爱情

第十课　一个太极拳辅导站

第十一课　《贵妃醉酒》和《罗密欧与朱丽叶》

第十二课　神奇的针灸和华佗的故事

第十三课　画家徐悲鸿的故事

第十四课 参观西安碑林

第十五课 谈论报纸和广播

在这一册教材中，充分地体现了语言与文化相结合的原则，它通过一对外国夫妇在中国旅游的经历，从较广阔的背景上介绍了中国的社会生活、名胜古迹、风土人情、文学艺术、历史地理、政治经济等多方面内容，都是针对读者感兴趣的内容编写而成的。有的课文后面还针对文化色彩厚重的一些内容加以"注释"，进一步帮助读者解决有关背景知识的一些问题。从篇目的安排上我们也可以看出：宣传政治思想文化的东西减少了，文化内容和言语交往结合在一起，注重课文的趣味性和应用性，还增加了一些现当代文学的名家名作，切实落实以语言为基础、以文化和文学为依托的指导思想。这些变化，在我们今天看来，仍然是了不起的进步。可以说，《实用汉语课本》在教材内容和编写形式方面都做了不少有益的尝试和创新，贯彻了交际性原则，加强了文化内容的设计，生动活泼，丰富多彩，标志着教材内容取向上的重大转折。

这一阶段我们可以清楚地看到，从总体上说，过去那种"重语轻文"的倾向已经有了根本性的改变，对语言交际能力的培养和文化内容的渗透已大大加强。这种教学倾向上的变化，既是社会需求的变化使然，也是人们认识不断深入的结果。

2．文化讨论热烈（1988—1995 年）

20 世纪 80 年代中叶，在学术界"文化热"潮流的推动下，文化语言学应运而生。在 1985 年第三期《复旦学报》上的《方言与中国文化》一文中，语言学者游汝杰出于革新语言学的目的，首次提出"如果将如此丰富的语言材料和历史悠久、多姿多彩的中国文化结合起来研究，是不是可以称之文化语言学？""从描写语言学的园圃中走出来……特别希望能在文化和语言关系的研究方面给中国语言学增添新的血液和生命"。文化语言学的创立和后来所形成的研究热潮，使对外汉语教学工作者的文化视野进一步开阔，对文化的热情大为高涨，带来了文化研究领域的巨大冲击波。20 世纪 80 年代末至 90 年代中期，是对外汉语文化教学探讨最热烈的阶段，出现了百家争鸣的局面。文化教学研究也逐渐"由不自觉走向自觉、由经验型向科学型转变"，学科体系得到进一步充实和丰富。

对此，陈光磊就其产生原因展开了鞭辟入里的分析，提出以下三方面的理由：①现代语言学的进展，逐步突破了"为语言研究语言就语言研究语言"的樊篱，从只注意语言符号结构的本身开始转移到同时也注意语言符号使用的问题，深化了对语言作为一种社会现象的认识，把语言的交际性能也看作是语言所具有的一种特质。②语言与文化关系受到注重。③最主要的是对外语或第二语言教学性质的认识的深化。与80年代初期相比，这个阶段对外汉语教学界对文化教学的研究大胆质疑，积极探索，主动出击，研究的范围几乎涵盖了文化教学的方方面面，并且逐渐摆脱经验性的议论，对汉语教学中的文化因素展开了深入而全面的讨论。具体而言，主要表现在以下几个方面。

（1）对文化定位的争鸣

随着对外汉语教学学科的发展，对外汉语教学研究逐渐摆脱纯语言本身研究的窠臼，充分汲取边缘学科的营养，使自己的研究不断丰满。受社会语言学、语言国情学、文化语言学、跨文化交际学等国内外语言教学理论的影响，人们不仅在文化观念上发生着改变，对语言教学中所负载的文化内涵的认识也日益深刻。

这一时期，人们已经基本达成共识，那就是文化影响着语言的教学，是对外汉语教学中一个不可或缺的因素。语言教学与文化教学的关系、文化在对外汉语教学中的作用继续被广泛而热烈地讨论着。每一年都有关于文化的重要论文发表，涌现出了一批文化教学研究的专家，如张占一、毕继万、张德鑫、周思源等，他们成为对外汉语文化研究领域的学术开拓者和领头人，他们的一些研究成果，长久地影响着90年代中后期的对外汉语教学界。

既然文化在对外汉语教学中影响如此之大，讨论如此之广，那么文化在对外汉语教学中的地位又当如何呢？自然而然，关于对外汉语教学中的文化定位问题就凸显出来，成为学科建设和发展的一个关键议题。于是，80年代末90年代初，随着学术界文化研究热的不断升温，关于对外汉语教学学科的定位以及文化教学的定位问题，学界开始出现了明显的分歧。一种观点强调文化在对外汉语教学中的作用，认为应该加大文化教学比重。程棠提出要"拓宽课程内容和专业范围……单纯的语言教学已不符合世界各国外语教学的潮流""加强文化教学与研究……华文教学以弘扬中华文化为己任"；李杨认为要改变那种对外汉语教学单位只是培养语言人才、其他人才都由综合大学专门学院培养的观念，而要有多元化的多维思路。这些观点应该说具有较强的前瞻性，是符合对外汉语学科发展和文化发展方向的真知灼见。

然而，随着对文化的重视，个别观点开始走向偏颇，以强调文化为由不当挤压语言教学。1993年夏天，在青岛召开了一次"对外汉语文化教学学科理论研讨会"，有20多所学校代表参加讨论语言文化教学问题。会上有代表提出，对外汉语教学应更名为"对外汉语文化教学学科"，还有人认为"对外汉语教学的学科内容应是汉学，而不仅仅是语言培训"。这些观点受到了另一派传统语言教学支持者的批判，他们则强调对外汉语教学的核心任务是进行语言教学，不能以"文化"替代"语言"，针对对外汉语教学的现状，"在初级阶段，跨文化理解问题还不突出"等问题，认为应该重视对外汉语本体研究和语言教学研究。两派代表各执己见，引发了许多争论和矛盾。

鉴于纷争愈演愈烈，1994年年底对外汉语教学学会在北京第二外国语学院召开了"对外汉语教学的定位、定性与定量问题"座谈会，在此次座谈会上，大多数与会者认为"语言教学和文化教学在教学目的、教学内容、教学原则和教学方法等方面都有根本的区别，是两种不同性质的教学，教学规律也没有足够的共同点，所以它们不可能属于同一学科"。由此重申了对外汉语教学的学科性质，明确界定了语言教学与文化教学的关系、对外汉语文化教学的位置及应该承担的教学任务，即对外汉语教学是语言教学，文化教学要为语言教学服务。这次讨论成为文化教学研究的一个转折点，文化教学的定位问题暂时得到了比较统一的认识。

应该说，这个阶段的论争触及了对外汉语教学中文化作用地位的一些根本性问题，它显示人们已经跳出了研究具体课文的文化背景和语言要素隐含的文化因素的狭窄圈子，站在整个学科理论体系的发展高度来重新审视语言与文化、语言教学与文化教学的关系。现在我们回过头来考察这段历史可以发现，有些观点站在对外汉语教育发展的大趋势下，摆脱为语言而教语言的樊篱是具有积极意义的。但是，随着"文化风"的愈刮愈猛，有些观点又有些矫枉过正。虽然在"对外汉语教学的定位、定性与定量问题"座谈会上基本达成了一致意见，但是随着讨论的深入、学科理论的建设与对外汉语教学工作的发展，关于对外汉语教学中文化教学的定位问题必将持续下去。

（2）对文化内容的探寻

通过近十年的研究和讨论，在对外汉语教学领域内，人们已经认识到了语言与文化的关系以及在语言教学中进行文化教学的必要性。但是，文化的内涵如此复杂，语言中的文化现象往往又极为隐蔽，到底对外汉语教学应该教哪些文化呢？这又是对外汉语文化教学研究中不容回避的问题。其实早在20世纪80年代中期，王德春就引进了苏联的"语言国情学"，旨在揭示语言与民族文化的关系，并创建了"国俗语义学"，专门研究具有中国民族文化特色的词语，其研究成果体现在他所主编的《汉语国俗词典》中，其中收录了3000多条汉语国俗词语，共分为七类。"国俗语义学"的研究对汉语教学中的文化内容的研究启发很大，由此引发了对外汉语教学界对进入教学的文化内容的思考，文化教学的研究开始由"虚"向"实"迈进，成了 20 世纪 80 年代末 90 年代初对外汉语教学研究的热点。

关于文化方面微观研究的论文更是繁荣发展，涌现出许多成果。如：岳长顺（1990 年）的《"同志"及其文化内涵》一文，从跨文化交际的角度，揭示了"同志"一词概念意义之外的社会文化意义；王德春《汉语学习》（1990—1993 年）上连续发表《对外汉语教学漫议》十几篇文章，对汉语当中的一些词、固定词组、称呼语、词语习惯搭配、辅助语言手段等展开了细致的探讨；张德鑫则在差不多整个 90 年代年间对汉语数字文化进行了系列介绍。此外，还有熊文华（1993 年）的《颜色词所体现的文化反差》、温锁林（1994 年）的《吃与中国文化漫谈》等，都是对某一具体语言文化现象加以阐释。在这些关于文化内容的探讨中，最引人注目的还是关于"交际文化"的争论，此说既得到了许多学者的支持，也有人提出了异议。

这一时期，文化性内容在对外汉语教材中除了作为注释、题解出现外，还以短文的形式作为附录或阅读教材出现。1987 年和 1990 年由北京语言学院来华留学生二系编写的、先后陆续出版的《中级汉语教程》（上下册，刘镰力、陈田顺等编）和《高级汉语教程》（上中下册，姜德梧主编）中，均在课文后附有大量文化性的小短文。1991 年出版的《中国家常》选取了 20 个中国家常话题，从烦恼的大龄姑娘到被当作"小皇帝"的独生子女，从大男子主义到职业妇女的甘苦等介绍外国学生了解中国社会和文化。1994 年由吴晓露主编的《说汉语谈文化》，它以语段训练为纲，以文化内容为目，通过提供语段样板，介绍与分析文化，引导学生理解文化现象，也获得了较多好评。总之，这一阶段对外汉语教材繁荣发展，注意引进功能法的成果，将语言交际能力和文化理解能力相结合，取材广泛，题材多样，贴近生活，生动有趣，取得了很大的丰收。

这一阶段集中表现为对进入对外汉语教学中的文化内容展开深入研究，将文化因素进行分类研究，并在教材编写中紧密结合日常交际文化和与文化相关的深层心理习惯、思维方式和传统观念等，进行了较为成功的探索，积累了宝贵的经验。

（3）对文化教学的研究

在第二语言教学中自觉地涉及文化教学，国外从 20 世纪六七十年代就已经开始，而对外汉语教学自觉地融入文化教学，则是从 80 年代末才开始。尽管洪堡特、索绪尔、萨丕尔、梅耶等语言学家在语言与文化关系方面的卓越探讨，为第二语言教学最终突破"就语言教语言"的传统窠臼奠定了理论基础，欧美等发达国家第二语言文化教学的理论与实践也为对外汉语文化教学提供了一定的参照，但是很长时间以来，在理论和实践方面，对外汉语教学中的文化教学似乎都没有找到自己的坐标。这种状况与对外汉语教学学科年轻、学科内部发展不平衡有关，也与文化没有受到足够的重视，没有纳入对外汉语教学研究的视野有关。

1988年9月出版的《汉语水平等级标准和等级大纲》，正式确定了"'结构－功能－文化'相结合"的教学原则，开始了对语言教学和文化教学进行探讨，并在实践中有计划有步骤地进行文化教学。在对外汉语教学过程中采用何种方式进行文化教学，是这个时期讨论的又一热门话题，"导入说""融合说""揭示说""有机化合说"等理论都是这一时期影响比较大的研究成果。1989年，赵贤州在《关于文化导入的再思考》中提出文化导入必须遵循"阶段性、适度性、规范性和科学性"的原则；1990年吕必松在《对外汉语教学发展概要》中谈到对外汉语教学学科的基础理论时，专门用一节总结了"比较文化理论"的研究情况；1991年由上海外语学院主办的"中国文化与世界"国际学术讨论会上，关于文化教学方面的论文数量就相当可观了；1992年魏春木、卞觉非以基础汉语教学阶段为出发点，论述了文化导入时文化项目划分的原则、范围和方法；张占一从教授交际文化因素的形式入手，认为文化教学可以"用学生母语、兼用学生母语和目的语、用学生目的语"三种方式进行教学。李润新在对"导入说"和"融合说"发表不同看法的基础上，提出了"有机化合说"，主张把语言教学和文化教学紧密结合起来，并列举出十项措施。不管是"导入说""揭示说"也好，还是"融合说""有机化合说"也罢，其实都是主张要把语言中所包含的文化内容更加自觉、自然地进入到对外汉语教学当中，传输给外国学生。这些研究大都是围绕着语言系统中的文化因素而展开，研究范围主要集中在词、句、段等语言系统所蕴含的文化因素中。

在教学实践中，对外汉语教学中的文化教学开始分两种方式进行：一种是在语言分项技能课中适当渗透文化的教学，另一种是开设专门的文化课程。这两种方式，又以前一种的研究成果较为丰富。赵贤州认为对外汉语教学的文化导入必须遵循的原则有"阶段性、适度性、规范性、科学性"，随后又进一步提出，对外汉语教学中的文化导入，是对外汉语教学有机的组成部分，必须以语言教学为出发点，而不是以传授多少文化知识为出发点，把文化纳入语言教学的框架和轨道，要贯彻"整体意识、比较意识、适应意识和渗透意识"。张英则从对外汉语教学中"文化的量"的把握出发，提出"对外汉语文化教学的比重在整个预科教育阶段是个'变量'，它的规律是：由少到多，逐步增加""语言教学与文化教学的比重，在初级阶段约为 5 ∶ 1，中级阶段约为 4 ∶ 1，高级阶段则要上升到 3 ∶ 1"。在这样的文化教学原则指导下，人们开始在教学中有意识地输入文化信息，讲解一些文化背景知识，这是 90 年代初期对外汉语教学界文化教学大讨论的成果体现，从此，单纯进行语言教学的局面被改变。但是 80 年代末提出的"结构－功能－文化"相结合的语言教学法原则虽在理论上得到对外汉语教学界的普遍认同，但由于文化大纲还未出台，跟不上语言教学的步伐，所以在教学法上还没有得到普遍应用。在教学实际操作中，教师虽也重视语言的交际功能，重视目的语文化的介绍，但由于课程设置上普遍采取的是分技能教学模式，其教学任务主要集中在语言知识点的讲练上，加之大多数语言技能类教材内容本身的文化含量并不高，因而教师多将语言中的词汇、语法、句式的教学当作教学的重点。

3. 文化内涵复杂（1995 年至今）

进入 20 世纪 90 年代中后期，在世界经济一体化、文化发展多元化的时代背景下，国与国之间的竞争日趋激烈。语言作为文化软实力的重要标志，在综合国力的竞争中地位日渐凸显，对经济、政治和社会发展的"反哺"作用也越来越大。汉语作为世界了解中国和中国走向世界的重要交际工具，其工具价值和文化价值也在不断提升，受到政府机构、教育部门、公司企业和普通民众的广泛重视。面对这种新的发展形势，对外汉语教学出现了不同于以往的新特征。尤其是 1997 年举行的语言教育问题座谈会、2004 年开始运行的孔子学院以及 2005 年召开的首届世界汉语大会，在推动文化教学的发展方面发挥了重要作用，对外汉语教学事业进入了跨越式发展阶段，文化研究呈现出可喜的发展势头。

相对于 80 年代末 90 年代前中期百家争鸣的局面来说，90 年代后期的文化教学研究显得相对平静，但平稳中不乏新意，理论研究继续深入，教学实践研究也有所发展。在 1994 年"对外汉语教学定性、定位、定量问题"座谈会关于文化的定位问题总体认识上达成一致的情况下，关于对外汉语文化教学的定位问题仍有进一步发展。如：周思源提出对外汉语教学中的文化定位"既不过窄，又不过宽，方能正确定位"。此外，刘珣（2001 年）论述了对外汉语教学的文化学基础；张德鑫（2001 年）从新世纪的高度重新审视了对外汉语教学的学科本质及学科发展的认识，对对外汉语教学与汉学的"相辅互动关系"进行了新的思考，这是多元文化架构下的汉语发展中必须面对的问题；李泉（2005 年）

阐述了跨文化教学理论指导下文化教学的内容和原则；赵金铭（2007年）认为"文化学也是对外汉语教学重要的理论基础"。这个阶段，平和的思考代替了激烈的争鸣，围绕文化教学在语言教学中的地位问题展开了多角度的讨论。

（1）对文化的定位问题视野更开阔

对外汉语教学中的文化因素是什么、教什么、什么时候教、教多少，这些问题上升到理论高度，就是文化的定位、定性和定量问题。自20世纪80年代末关注文化的研究以来，围绕这几个问题，相关研究一直持续升温，对文化的内涵和文化教学的探究也更深入。

1996年，林国立对文化因素进行了定位，一是强调了文化和语言的上下位关系，认为语言是文化的组成部分，而文化因素则属于语言的一部分；二是强调文化因素和语音、语法、词汇在语言中相等的地位。也是在这个时期，周思源（1996年）从语言能力的层次性和高层次语言能力的文化性出发，对"交际文化"和"知识文化"的分类方法提出了质疑，认为"文化教学的重点如果始终是'交际文化'就会对'知识文化'造成挤压"，主张对外汉语教学"宜建立一种比较宽泛的文化观念，以适应对文化的多方面需求，而不宜将它搞得太窄，太死"。沈家贤（2003年）认为，"外语学习的最终目的是使学习者掌握地道的语言，并能结合目的语国家文化规约准确得体地使用该语言，进行跨文化交际"。以上研究成果对文化的定位，已逐渐从"围绕语言教学中的文化因素"开始联系语言交际跨文化背景等相关因素来重新审视对外汉语教学中所涉及的文化。进入21世纪以后，文化的视野就更加开阔。杨金成（2006年）根据对外汉语教学目标的四个特征，提出"对外汉语教学的总目标为：培养学生的汉语言交际能力，了解中华文化和历史，增进中外人民之间的相互理解和友谊"。

这些理论观点的提出，虽然存在或多或少的差异，但基本都是延续了90年代重视文化教学的做法，强调在对外汉语教学中，要语言与文化同步发展。与此同时，有的学者还站在文化的存在形态和学科发展的趋势上，提供了面向未来、更深更广的思考。这不仅有助于明确文化定位，提高教学层次，丰富学科内涵，拓宽专业方向，变革教育结构等，而且也为对外汉语教学的文化建构指明了方向。

（2）对文化内容的分析更细致

以前对于文化因素的研究着眼于从语言本体的角度来谈汉语语言结构系统中的文化内涵，这一时期则着力于隐含在言语交际中的文化因素的探索。林国立（1996年）从文化因素的"隐含性和依附性"角度出发进行定量分析，确定了21种民族观念和民族心理，这种定量分析的方法操作性较强，结果比较准确，具有说服力，因而有利于文化教学的测试。还有不少学者探讨文化因素在话语生成和理解中的制约作用，探求"隐藏在言语现象底层的文化因素的制约表现、制约特点和方式"，为话语中文化因素的动态研究开辟了道路。卢华岩（2002 年）提出，"对外汉语教学中的文化因素主要有词语文化内涵、语言教学中的文化、言语交际中的文化、文化背景知识"。此外，围绕着具体的文化因素如何直接影响汉语学习和使用等方面的研究也有不少，李恕仁（1998 年）从语言交际和非语言交际两个方面探寻隐含在汉语中的文化因素；曹慧（2001 年）从"吃"看汉语语汇的文化渗透；贾卫国（2003 年）从英汉店铺名称系统看其语言特征与文化内涵等。这些研究使得文化因素的讨论更加深入细致，但基本上仍没有脱离 90 年代中期研究的基本内容和方向。

鉴于语言当中所体现的文化内容大都较为零散，文化进入教学也具有较大的随意性，又有不少学者提出文化教学应当和词汇、语法等一样，建立一个指导性的文件大纲。关于"文化大纲"的编制，林国立（1997 年）提出"有必要制定一个文化因素教学大纲。制定文化大纲，实际上就是在建构对外汉语教学中的文化因素体系"。他认为中国人的思想观念民族心理特征以及生活方式、风俗习惯构成文化因素体系和文化大纲的基本内容，全面阐述了对于"文化大纲"制订的观点和主张。张英（2009 年）在前面两位研究的基础上，进一步阐述了文化大纲的性质、任务和基本框架。刘继红（2004 年）在分析了国内外留学生汉语言专业本科教育文化类课程设置情况后也提出"制定一个由浅入深的文化等级大纲，是对外汉语教学面临的一个刻不容缓的任务，也是其进一步发展的内在要求"。文化大纲的提出，有助于弥补文化内容体系性和等级性的不足，是富有建设性的探索，可惜还停留在观念性的理论探讨上，还没有真正设计出一个合理有效的文化纲目来。

此外，欧阳祯人（2007 年）针对中国文化课程的设计与教材编写，提出"可以遵循从文化大树的根、干，向大树的枝、叶、花、果推进的路径，根据中国文化本身发展、存有的形态，安排教学进度"。虽然是针对专门的中国文化课教学来谈的但是也主张文化的教学要是一个有机的整体，与设立文化大纲的主张有异曲同工之妙。还有邢志群（2010 年）提出初级语言阶段的文化内容主要包括由不同的字和词表示的各种文化含义，中级语言阶段的文化内容主要包括可以用汉语不同的或特有的句型表示的文化概念，高级语言阶段的文化内容包括用汉语不同的篇章、语体模式表述的比较复杂、抽象的文化概念。他以汉语语言教学不同等级的目标为基础，把文化教学内容分成初级、中级和高级三个等级，对应语言教学的三个阶段，做了一个框架式的尝试，体现出文化内容的层次性。

20世纪90年代后期以来，也出版了不少专门性的文化教材和一些可做教材用的文化知识书籍，但有关教材研究的却比较少，主要有：周思源（1995年）针对文化教材的编写问题，主张根据对外汉语教学的需求和特点，制定文化类教材的语言要求与语言目标。林国立（1995年）提出以"交际文化"为指导思想进行文化教材编写的若干原则。胡明扬（2004年）则反思了对外汉语文化教材在原汁原味地介绍中国文化方面的缺憾。陈绂（2006年）针对美国《21世纪外语学习标准》五个"C"的要求就编写大纲的制定、教学体系的理解、文化内容的展示等方面提出了编写AP汉语与文化教材的几项原则，等等。这些都是从宏观角度来谈文化教材的编写原则或语言教材中的文化取向。虽然从研究的总体情况来看，文化教材有不少新成果，但研究不是很多，微观研究更为缺乏。

（3）跨文化交际研究的角度更新颖

跨文化交际理论虽然在20世纪80年代就开始盛行，但真正在对外汉语教学中的运用较为活跃，还是到了90年代中后期。王建勤（1995年）提出应建立"跨文化研究的新维度"，应系统研究学习者的中介文化行为系统，只有这一工作有了实质进展，才可能谈到"文化大纲"的制定。同年，毕继万第一次明确提出，"第二语言教学的主要目标是培养学生的跨文化交际能力"。周小兵（1996年）强调对比方法在第二语言教学中的作用以及提高师生跨文化意识的重要性："在文化教学中，既要注意民族共性，又要注意地域特征""应以交际文化教学为主，知识文化教学为辅"。上述研究展现出多角度、多层面的观点，其共同点是注意跨文化交际研究与对外汉语教学形成有机的结合。

研究跨文化交际，必然涉及不同文化之间的对比，20世纪90年代末以来研究跨文化交际主要集中在比较不同文化之间的差异上。在拉多（Lado）提出的"对比分析假说"中认为：两种语言之间，相同或类似的地方会对语言习得产生积极作用，也就是正迁移；反之则会干扰和阻碍语言习得，产生负迁移。对比分析方法既是跨文化交际研究的主要方法，也是对外汉语教学的重要方法，通过比较不同语言和文化之间的异同，可以帮助人们认识到母语语言文化与目的语语言文化的特性。沈家贤（2003年）通过中西文化在价值观念和思维模式上的差异，举例说明了中国文化和西方文化存在世界观（宇宙观）群体取向与个人取向、时间取向与时间顺序的不同，并阐述了这种不同于汉语学习的关系及其对汉语学习的影响。王振昆（1996年）则从跨文化交际学出发，探讨了"不同文化背景与语义对应歧义、不同文化传统与词语内涵的不同理解、不同民族社会与交际习惯方式的差异"，将汉语的表述与跨文化交际研究结合起来。

（4）文化教学的方法更多样

语言与文化如何更好地结合，仍然是这个时期学者们努力探索的一个课题，并且有不同的观点发表。1996年林汝昌在《外语界》发表《外语教学的三个层次与文化导入的三个层次》一文，他认为："外语教学应考虑以下三个层次：语言的结构层次，语言结构的文化层次和语言的语用文化层次。"并根据当时我国外语教学的现状，提出文化导入可分为三个层次推进：第一层次以讲授目的语的语言结构知识为主，其目的在于消除外语（或第二语言）学习中影响理解和使用的文化障碍；第二层次是较系统的文化导入，如：根据每篇课文的内容归纳出一个能涵盖有关课文内容的文化框架，并列出相应的文化项目。在教授语言结构的同时，较为系统地导入相关的文化知识；根据一册课文的内容，归纳出一个能涵盖全书有关内容的文化框架，在授课时有计划地在课前讲解、结合课文内容讲解或在课后讲解。第三层次包括更为广泛的文化内容，是第二层次各具体文化项的综合与概括。这一概括不涉及某一具体言语行为，但却能从根本上给予第二层次各文化项的行为以一个解释。这些论述很有见地，在当时颇具影响力。曹晓金（1999年）认为在外语教学中直接引入语言的社会文化背景组织教学的途径可以通过以下几个方面进行：一是通过日常语言所表现出的文化差异来进行；二是通过词语所反映的文化差异来进行；三是结合作品写作的有关社会历史背景来进行；四是通过不同民族间观念的差异来进行。刘珣（2001年）提出了对外汉语教学中的文化教学原则"要为语言教学服务，与语言教学的阶段相适应；要有针对性；要有代表性；要有发展变化的观点；要把文化知识转化为交际能力"，教学方法主要有"通过注释直接阐述文化知识；文化内容融会到课文中去；通过语言实践培养交际能力"，这些原则和方法是对这个时期的全面总结，其观点极具代表性。

此外，还有一些研究也对此问题从不同角度进行探讨。徐家祯（2000年）提出在基础语言教学阶段导入文化内容时应该注意"就事论事，不节外生枝；有选择性，不是什么都讲；设身处地，不想当然；客观准确，不主观武断；形象具体，不千篇一律"。卢微（2004年）提出在汉语教学中要运用"文化阐释""汉语教学的文化阐释，说到底是'量和度'的艺术"。刘卓（1999年）提出"对外汉语教学绝不是汉语的字、词、句的无意义的重复，而是领进去、走出来、步步高的多元化的语言文化教学"。还有陈申（2001年）全面讨论了国内外第二语言文化教学策略的三种模式"地域文化学习兼并模式、模拟交际实践融合模式、多元文化互动综合模式",并按照这三个模式的路子,探讨兼并模式的教学应用,提出"多纬面的语言文化学习模式"。王若江(2006年)通过对教材的对比和分析,主张在语言教学中采用三种导入文化的办法:①教材整体氛围的渲染,通过版式、图片、文字等,使教材既充盈着中国现代文化的气息,又蕴含着传统文化的韵味;②将多层面内容分布在教材的各个层级上,使学生在学习语言的同时,自然地接受了中国广泛而丰厚的民俗文化和传统文化;③通过多媒体手段展示文化的内容,既解决学生因掌握汉字数量有限而影响理解的问题,又适应学生的心理需求。蒋绍君(2010年)以汉英语序对比为例,通过图式来说明这种文化导入的模式和过程。

这些文化导入的模式和方法,虽然切入的角度不同,也有待在具体实施中检验,但都是对片面、孤立的语言教学模式的突破,使对外汉语教学方法更加多样化。

文化教学实践仍然延续前期的两种形式:语言课中文化因素的教学和独立于语言课之外的文化课教学。语言课中文化教学的研究成果不是很多,内容也较分散。如胡建军(2003年)从中高级口语课堂教学实践中总结要"注意以说为主,以文化为中心,知识传授与技能训练结合"。张淑贤(2001年)谈到了图像教学在跨母文化的语言教学中的特殊作用。这些研究和实践的基本认识是:要注重文化教学的层次性,要根据初中高级不同阶段、不同课型的学习内容和学生的接受水平,选择不同的文化教学内容和有效的教学方法。从总体上说,此类研究还不是很系统,于零散的议论中见真知。

独立于语言课之外的文化课教学课程已经在相当多的院校设立,不过此类文化课程的研究也还处于起步阶段,其成果主要是一些教师根据自己的体会提出的一些看法。刘继红(2004年)通过对国内外大学汉语言专业本科文化类课程设置情况的分析比较,对我国文化教学提出了几点启示:"制订一个由浅入深的文化等级大纲,是对外汉语教学面临的一个刻不容缓的任务,也是其进一步发展的内在要求;充分利用目的语文化环境,为外国留学生增加社会实践的机会,将课堂教学与学生的社会实践活动结合起来,实行一种寓教于乐的开放式文化教学。"朱丽云(1999年)对汉语教学中中国文化类课程的地位、特点、量度以及文化教材的编写提出了较为详细的指导。

总之,20世纪90年代后期以来,与文化教学相关的著作或论文大大丰富,一些概论性的著作也有有关文化教学的专章,如《中外语言文化漫议》(张德鑫,

1996 年）、《外语教学与文化》（胡文仲、高一虹，1997 年）、《汉语文化语用学》（钱冠连，1997 年）、《对外汉语教学与文化》（周思源，1997 年）、《国俗语义学略论》（王德春，1998 年）、《对外汉语教育学引论》（刘珣，2000 年）、《对外汉语教学目的原则方法》（程棠，2000 年）、《对外汉语教学回眸与展望》（张德鑫，2000 年）、《语言文化差异的认识与超越》（高一虹，2000 年）、《语言文化教学策略研究》（陈申，2001 年）、《对外汉语教学理论思考》（李泉，2005 年）等。此外，中国文化历史悠久，内涵丰富，有无数值得挖掘的宝藏。从文化语言学的角度对中国文化中的文化意蕴和研究的特殊内涵进行深层开掘，不少学者致力于这方面的探索，成果丰硕，研究成果也值得关注。但是，总的来讲，相对于对外汉语教学的其他方面，有学者指出，对外汉语文化教学研究的不足从整体上表现为研究取向失衡，并概括为以下几点：①偏重语言课中的文化因素教学研究，专门的文化课教学研究不够；②偏重语言交际文化研究，非语言交际文化研究不够；③偏重文化差异研究，文化共性研究不够；④偏重主体文化研究，亚文化研究不够。

对外汉语教学作为一门独立的学科，其理论建设和学科体系已初具规模，然而，由于对外汉语教学学科的年轻和发展的不均衡，对外汉语教学界对文化教学的了解和认识还不那么充分，以致对外汉语文化教学的理论研究和教学实践都显得十分滞后，对文化的定义、文化的内涵、文化的分类以及第二语言教学所关涉的文化内容始终难以达成共识，以致"文化大纲"出台遥遥无期。但随着中国国力的不断增强，对外汉语教学事业的蓬勃发展及对外汉语教学学科深入拓展，汉语以及它所承载的中国文化越发为世界所瞩目。2005 年 7 月召开的世界汉语大会，主题是"世界多元文化架构下的汉语发展"，更为对外汉语教学提供了广阔的舞台。对外汉语文化教学研究将继续汲取相关学科的营养，审视文化教学理论研究与实践发展的轨迹，探索文化教学创新之路，使之更加走向成熟。

（三）关于汉语教学学科理论研究的思考

1.充分理解汉语教学语言交际性原则所蕴含的理论内涵

汉语教学理论研究方面存在的问题其原因是多方面的，但一个重要的原因就是对国际汉语教学原则的工具化和交际性的片面理解以及对这一原则所蕴含的理论内涵的忽视，因而要重视国际汉语教学的理论研究首先要对语言交际性原则做全面的解读。

自 20 世纪 70 年代以来，培养交际能力就是国际汉语教学学科的一个重要的教学目的。而到 80 年代末，培养汉语交际能力已经成了国际汉语教学的总体目的。吕必松先生在《试论对外汉语教学的总体设计》中谈到，"语言教学的目的是培养学生运用所学语言进行交际的能力"，而王德佩先生更是将这一目的上升为交际性原则，并指出，"交际性原则要求内容的交际化，课堂教学环节的交际化和操练形式的交际化"。陈光磊也指出，"整个教学宗旨和教学理念都要明确：语言教学以养成学习者运用目标语进行有效的社会交际能力为指归"。可以说，自 80 年代开始，交际性原则已经成了我国整个国际汉语教学学科的理论和实践的基石。

然而，近年来，在交际性原则的确立及其以后的发展过程中，逐渐出现了对交际性原则过分工具化和技能化解读的倾向。语言工具论古已有之，语言工具论思想萌生的早期源头甚至可以追溯到公元前四世纪的柏拉图（Plato），他在《克拉底鲁篇》当中提到"当我们在给事物命名时，我们在做"的，就是"在把信息相互传递"，而其思想系统主要包括的是"语言是人类独有的、最重要的交际工具""语言是人类认知的工具"等几大基本内涵。自亚里士多德以来，语言的工具性是西方乃至我国关于语言本质认识的最基本观点。对 19 世纪初叶至 20 世纪末以来我国权威大师、权威工具书和部分语言学家对语言是什么的论述进行了搜集，68 条当中有超过一半的论述将语言定义为人类进行交际的工具。可见，语言工具论在我国已经得到了较为普遍的认同。

在国际汉语教学中，语言交际性原则也与语言工具性紧密结合在一起，因而有人干脆把交际性等同于工具性，用工具性代替交际性。郭睿提到，"'语言'体现为工具性，'言语'体现为交际性。工具性和交际性都是对外汉语教学的本质属性，但偏重交际性。二者紧密联系"。而在交际性工具化的基础上更有甚者把工具技能化，因而国际汉语教学在语言交际性原则的指导下逐渐演变为一种技能工具的教学，成为单纯地听说读写能力的教学。

语言的工具性不失为一种关于语言本质的具有合理性的理解，它对于语言学科以及国际汉语教学起到了重要的作用。但是，把工具性技能化无疑削弱了语言的交际功用和实践意义，它所带来的负面性也是不容忽视的。从学科建设来说，把交际性原则看作是工具技能教学，贬低了学科的理论地位和意义，同时也贬低了语言技能教学本身，这在很大程度上影响和制约了学科的基础理论研究与基础理论建设。以工具技能为原则的国际汉语教学使其无论是研究问题的广度与深度还是研究方法的科学性与多样性都还不成熟，缺乏自身独特的研究领域与研究视角，更缺乏自身独特的语言哲学作为支撑，学界学者的研究更多的是对教学实践的总结以及照搬西方二语教学学科的理论来对自身教学实践做指引。由于这种工具技能化的结果，使得理论研究水平受到了较大的影响，同时也使国际汉语教学学科在综合性研究性大学中得不到应有的重视，基本处于边缘化的地位。

　　与此同时，对国际汉语教学的实践活动也产生了不良的影响。从学科实践来看，交际性原则占主导的国际汉语教学在教学培养的实践当中偏重短平快的教学模式，更加偏重语言技能的学习与培训，而与之相关的文化教学也没能得到真切的重视，而只流于交际文化、书法、剪纸等文化技能的学习。整体而言，当前的国际汉语教学更像是一种培训班式的培养，汉语教师仅仅关注语言技能与文化技能的教学，而忽视了其背后对中华文化的传播过程以及其自身理论素养的提升。与此同时，海内外的汉语学习者也将更习惯于通过所谓的汉语培训来掌握汉语这门技能，对其背后的中华文化不能产生足够的理解。长此以往，无论是作为事业还是作为学科而言，国际汉语教学学科都不能得到健康良性的发展。

　　因此，语言交际性原则应该在其理论的层面得到更进一步的理解，在关注语言工具性的同时更要重视语言交际性原则所具有的理论意义。其实，如果我们从交际性原则的发展来看，语言交际性原则的提出最初是针对国际汉语教学过分重视语言知识的教学，忽视语言教学的实践性而提出的，是想纠正国际汉语教学中过分注重理论性而忽视实践性的现象。由此可以看出，这一原则的提出本身是以其理论性为前提的，同时它也并没有说是要放弃理论研究，其内在精神是要在注重汉语理论知识的教学和理论研究的同时注重国际汉语教学的实践性，而这里的实践性不完全等同于技能型的工具性。鉴于此，我们要全面理解交际性原则，在注重国际汉语教学的实践性的同一时重视理论研究，重视理论对于教学实践的指导作用。

　　在这一问题上，目前国内学者如李泉等从事业和学科两个方面对国际汉语教学作出明确的区分是非常有意义的。李泉指出，"国际汉语教学本身就存在事业与学科的双重属性"。作为事业，它"以汉语教学为依托，以学科建设成果为支撑"。作为学科，它"以汉语教学研究为主题，以支撑事业发展为重要建设目标"。这种区分把国际汉语教学从目前过分侧重事业的状况下解脱了出来，从而也从过分注重语言工具技能化中解脱出来，进一步确立了国际汉语教学作为学科的独立性。

2. 加强汉语教学学科基础理论的系统性研究

同属第二语言教学的外语（特别是英语）教学学科无论在研究话题的宽度深度还是在理论研究方法上总体上是走在前面的，造成这种状况的原因是多方面的，如学科确立和发展时间的差异、学科内容方面的差异，但其中一个重要的差异在于对基础理论的重视以及对其系统研究程度方面。

通过我们对《外语教学与研究》近三年来发文所进行的统计与分析，我们不难得出，当前外语教学学科领域在基础理论的研究方面其广度和深度已经取得了十分可喜的成绩。在语言哲学领域，近三年来就有 10 篇相关的研究论文，有的对语言的本质进行了反思与探讨，有的将目光投向了语言的演变与演化，有的对于语言背后所反射出的思维模式与认知模式进行了剖析，而有的对于一些语言哲学思想进行了深度的总结与介绍。此外，外语教学学科领域也将其目光更多地投向了语言学、教育学、心理学领域的研究。尤其是语言学，近三年来《外语教学与研究》期刊刊发了大量关于语言理论和语言史相关的研究文章，这些研究或是对于语言学流派的历史、理论思想等进行探析，或是从实证的角度出发对语言学理论进行科学化、实证化，或是将语言学与其他学科相结合，进而对语言学本身进行更新迭代。种种研究从各个角度出发，对语言学领域的知识进行了更为深入、更为系统化的研究与考察。同时，外语教学学科领域也将一部分关注点聚焦于教育学之上，有的对外语教学现有的一些理念进行梳理，有的则介绍了一些先进的外语教学理念。这些研究，对于外语教学学科而言，使得其在对外语教学的研究之时，得以有一些指导理念作为引领，使得其在教学探索当中，不仅仅可以从教学实践以及科学实证当中汲取养分，也得以从理论探索当中吸取精华，用理念来指导教学实践研究的发展。不仅如此，当前外语教学学科也对心理学领域进行了一些探索与研究，特别对是与学科发展密切相关的认知科学而言，更是投入了不少的关注。这些研究或是以科学的实验作为基础对人体对语言的认知与加工过程进行深入探讨，或是从理论研究的角度出发对语言学习当中的心理机制、认知模式等予以研究。可以说，对于认知科学的深入探索，也为二语习得领域提供了更高层面的指引，更可以将二语习得置于语言认知的大背景下予以探索，为其提供了不一样的研究视角。总之，这一类的研究，使得外语教学学科能够建立在哲学思辨的基础之上，这也为其学科理论的发展提供了茂密的根系，得以充分吸收更深层次的哲学理论的营养。

对于学科支撑理论的研究，当前我国外语教学学科已经取得了颇为喜人的研究成果，从多方位对学科理论建设和整体建设提供了助益。但相比较而言，当前国际汉语教学学科对于这方面的研究却较为薄弱，仅有一小部分研究关注到了学科支撑理论方面，在深度与独创性等方面相较于外语教学学科而言都尚未足够。

在语言哲学领域，近三年中《语言教学与研究》期刊当中对此投入的关注寥寥数篇，其深度也不足够，其或是对一些既有的理论思想进行一些介绍与分析，或是对相关的研究进行论述与评析，而缺乏对于语言哲学领域深入的考察和独到的见解。而这一点在《世界汉语教学》期刊当中也得到了侧面的印证，近三年中与此相关的研究也并不多见，仅有崔希亮、范晓蕾等学者有过语言哲学相关的理论研究。可见，当前国际汉语教学学科对于语言哲学相关领域的研究仍然处在起步阶段，并没有得到足够的重视。

而对于对学科发展起到支撑作用的语言学、教育学和心理学领域，当前的汉语教学学科也没能给予足够的关注。对于和学科任务紧密相关的语言学，近三年的《语言教学与研究》期刊当中对此却仅有 4 篇相关研究，而且大多流于表面，没能对语言学本身进行更加具有深度的研究，也没能以汉语教学学科的独特视角给予语言学理论以新的研究方向。它们既不能对语言学理论进行更深入的理论探索，也没能以更具实证性的科学手段对既有的语言学理论加以验证，其研究更多地停留于对现有的语言学理论进行述评，希冀通过介绍一些先进的语言学理论来为国际汉语教学学科的理论研究推开一扇新的大门。

《世界汉语教学》也对此有一定的印证，相关研究更是寥寥，仅有王文斌、崔靓，冯胜利、施春宏等人对此有过一些探索于研究。对于教育学和心理学领域的研究，近三年来国际汉语教学学科关注则甚少，《语言教学与研究》仅有 1 篇与认知科学相关的研究，而《世界汉语教学》也仅有文秋芳等人有过一些对先进教学理念的介绍与探讨。学科研究领域关注更多的是与实践结合更为紧密的教学法与二语习得等方面的研究，对于教育理念、教育理论以及认知科学方面的知识存在一定程度上的忽视。可以说，当前的国际汉语教学学科，无论是对于和其学科本质相关程度更为密切的语言哲学，还是对于对其学科理论研究起到支撑作用的基础性理论科学，都没能投入足够的关注与精力。

总而言之，从支撑理论的相关研究来看，当前我国汉语教学学科发展较为薄弱，未来应对支撑理论的建设投入更大的精力与关注。

3. 加强汉字和中国文化等特色内容的理论研究

汉语教学学科作为第二语言教学的下位学科，区别于其他外语的二语教学的最为独特的研究领域必然是对汉字、汉语语法、汉语习得以及中国文化方面的研究。因而，对于汉语教学学科而言，加强汉字、汉语语法、汉语习得、汉语哲学以及中国文化方面的研究，从而形成更加鲜明的特色可谓是势在必行。

汉字、汉语语法、汉语习得、汉语哲学以及中国文化是汉语教学的主要内容，也是特色内容。在汉字、汉语语法、汉语习得、汉语哲学以及中国文化方面研究方面，语法研究是目前国际汉语教学理论研究中的重中之重，这方面的研究文章总数超过外语教学学科，这是一个非常可喜的现象，应该继续保持。但是，相比较而言，汉字、汉语习得、汉语哲学得以及中国文化的理论研究还是相对薄弱的。

汉字可谓是汉语区别于西方表音的字母文字而言最独特的部分，也是汉语教学学科最为独特的研究领域。然而，当前汉语教学学科对于汉字的研究却存在不小的滞后。纵观近三年的《语言教学与研究》和《世界汉语教学》当中为数不多的与汉字相关的研究，都是从习得的视角出发，考证学习者在掌握汉字的过程中所体现出的习得特征，进而对教学实践提供一些科学性的参照，然而对于汉字本体的研究，对于汉字的结构特征、文化含义、语用特点以及和语篇的结合等均没有细化研究。对于汉字的研究缺乏科学性与深入性，而这从长远角度看也并不利于汉语教学理论的发展。正如万业馨所谈到的那样，"汉字研究和汉字教学之间存在着相互依存、相互促进的关系"。对汉字的研究将助力于汉字的教学，而从长远来看也将为汉语教学理论研究的独创性添上一笔光彩。

汉语习得是汉语教学中非常重要的内容，目前在汉语习得研究方面，汉语教学界还是给予了一定的关注。从统计结果来看，其所发论文数量仅次于汉语语法研究，有34篇。但是如果我们把它和外语教学学科在这方面的研究相比，其差距就非常明显了，外语教学学科二语习得研究文章有59篇。鉴于此，应该进一步加强汉语习得方面的研究。

语言和文化是密切相关的。在近三年的《语言教学与研究》当中，对中国文化方面的研究可谓是空白，在《世界汉语教学》当中也未见相关研究。不过，在其他刊物上还是有着不少研究文章，但这些研究基本上是文化技能、交际文化、文化传播具体方法等方面的研究，并没有形成较高的理论层次和系统性。在这方面，外语教学学科是有一定的探索的，它们在对外语本身与外语教学等领域进行研究的同时，也并未忽视对于文化方面进行一定的剖析。在近三年的《外语教学与研究》当中，学者或是从文学的视角对外国文化进行一些探索与研究，如查明建对西方经典的核心，也就是莎士比亚进行了研究；或是从词义的视角出发探索词汇背后所蕴藏的文化含义，如赵明和张敏就对词汇内部文化含义进行了判定与分类。可见，外语教学学科在发展的过程当中，对于外语本身所包含的文化也进行了一定的研讨。而不可否认的是，正是由于对外国文化以及外语本身所携带的文化的研究，丰富了外语教学学科理论研究的内涵，也使得外语教学学科理论研究往更深层次进行发展。

汉语教学作为一门语言的教学学科，要想更好地进行汉语教学，对于文化研究领域更应该投入足够的关注。同时，汉语本身承载着的就是和西方文化存在巨大差异的东方文化，其语言背后所映射出的是中国独特的文化思维。正如邢福义所言，汉语教学学科尽管以语言教学为其主要任务，但我们同样不能忽视对文化教学的关注。中华民族绵延五千年，其文化之深厚足以令国人自豪，而这一点恰恰应当在汉语教学当中予以体现。通过文化教学，我们应当向学习者传播语言背后所蕴含的文化习俗、文化产品、汉字背后所包含的文化特质以及语言深层所体现出的富有特色的思想体系。汉语教学要加强对中华文化进行研究。这不仅仅意味着对于中华文化内涵的一些研究与探索，包括中国的饮食、习俗、宗教、文学等诸多方面，也包含着对中国汉字当中所蕴藏的文化进行深入的剖析，更意味着对蕴含在中华文化深处的价值观念与哲学思维。对于这方面进行深入的研究，将使国际汉语教学学科不仅仅是教会学习者如何听说读写汉语，更是能够潜移默化地将中国文化与汉字文化传播给学习者，从而使汉语教学学科跳脱出单调的"技术型"教学。

此外，值得一提的是汉语哲学方面的研究。汉语哲学属于语言哲学，西方语言哲学的研究有着悠久的历史传统，现代西方语言哲学的兴起至今也有百年，可以追溯到古希腊亚里士多德那里。它对当今世界语言学的研究起到了很大的作用。从外语教学学科的理论研究来看，语言哲学也是理论研究的关注点之一。对于这一问题的关注，目前外语教学界的关注度更高一些。从国际汉语教学来看，汉语哲学（包括汉字哲学）的研究几乎没有得到应有的关注。汉语学界对汉字哲学和汉语哲学存在着较大程度的忽视和排斥，这主要还是一个认识问题和研究传统的问题。从汉字哲学的研究来看，对汉字以及汉字哲学研究忽视甚至排斥的一个原因可以追溯到学界对汉字的基本看法。我国汉语学界持有一个基本的看法就是"文字是语言的代表"，但是"文字本身不是语言"，汉字不是语言。基于此，汉字的研究基本上就被排除在语言研究之外了，汉语教学界虽然也注重对于汉字的研究，但主要还是把它作为语素、语言符号来看待，没有给予它应有的独立地位，对汉语哲学的重视也就无从谈起。前些时间以潘文国和徐通锵为代表的较有影响的字本位思想自然就没有得到应有的重视，在汉语言学界乃至国际汉语教学界也不会形成强大的生命力。其实，字本位理论本质上是向汉字哲学乃至汉语哲学回归的一种尝试，是对于国外语言学的一种中国式呼应，应该引起人们的高度关注并加以研究，用以指导国际汉语教学，特别是汉字和中国文化的教学。

总而言之，当前汉语教学学科对于汉字、汉语习得、汉语哲学以及中华文化相关方面的研究是其理论研究领域的一大短板。借鉴外语教学学科理论研究文化的研究成果我们不难得出，未来应当更加强对这一方面的研究，投入更多的精力对汉字、汉语习得、汉语哲学以及中华文化进行研究，形成自己的研究特色，帮助汉语教学理论研究走上新的高峰。

4. 加强汉语教学教学法方面的理论性和系统性研究

汉语教学方法应该是汉语教学学科理论研究的重中之重，教学法方面的研究不是单一的和孤立的，而是系统性的，它包括汉语言习得、具体教学方法、测试方法等方面的研究，此外还包括教材编写、教师培训等教学方法的具体运用层面的研究。

二语习得即汉语习得是教学法研究的直接基础。根据前面关于研究话题的统计，外语教学学科对于二语习得的研究文章占比是最多的（59 篇），是其中心研究话题之一，它比语言理论和语言史、跨语言研究文章都多。如果我们把语言认知（它属于二语习得的理论基础）方面的文章（13 篇）也包括进去，那所占比例处于绝对多的地位（72 篇）。相比之下，汉语教学理论研究方面，二语习得和语言认知方面的文章合计为 35 篇，不到外语教学学科在这方面研究文章的一半，这可不是一点差距。这是今后汉语教学研究需要切实加强的方面。

从具体教学方法的研究来看，汉语教学学科在这方面的研究要多于外语教学学科。国际汉语教学学科为 17 篇，外语教学学科方面的有 8 篇，这说明汉语教学学科较外语教学学科重视；从语言测试方面来看，两门学科所发论文基本差不多，汉语教学学科为 5 篇、外语教学学科外 6 篇；对于教师培训方面，两门学科所发论文都是 2 篇，没什么差别。总的说来，在这三个方面，汉语教学学科还是占有优势的，但是，深入探析却不难发现其中短板。

尽管从数量上看，汉语教学学科近年来对于教学法研究、语言测试研究以及教师培养研究的关注度相较于外语教学学科而言并不逊色，但深入研究后则不难发现，其在研究深度方面仍有不足。从教学法研究来看，近三年的《语言教学与研究》当中的 17 篇相关研究多是从教学实践以及既有教材当中总结出一些经验与案例，然后对未来的教学给予一定的指导。仅有一两篇涉及了实证性的研究，对于整体学科培养的顶层设计却少有关注。而《世界汉语教学》近三年来的发文也恰好印证了这一点。从测试研究方面来看，学科相关研究仅仅关注到了具体的测试设计以及测试效果的研究，而对于更深层次的研究，如测试对语言传播战略的影响以及语言测试所蕴含的哲学性与社会性等，都缺少更深入、更本质性的探讨。对于教师培养的关注，汉语教学学科和外语教学学科总体关注度都不高，但汉语教学学科则更倾向于研究如何进行教师培训，而外语教学学科则从更宏观的视野对教师所需的能力以及其所面临的形势进行了分析。总之，从教学方法研究来看，汉语教学学科相较于外语教学学科而言，其研究相对而言更浮于表面，关注到的更多的是与教学环节直接相关的部分。

此外，汉语教学学科从教学方法研究上来看，也尚未完全探索出具有足够科学性、理论性的研究方法，发展较为薄弱。首先，从研究方法上来看，当前汉语研究领域其研究理论性和实证性相较于外语教学学科而言都存在着一定的差距，其研究更多的是出于指导教学实践目的所进行的经验性研究，是对既有教学经验的总结，进而得出一些研究成果，而对于理论性、实证性的方法所投入的关注度不足，同时缺少一些新技术新方法的应用以及具有自身独创性的研究方法。近三年的《语言教学与研究》所应用到的方法更多的是归纳总结法，特别是应用于语言本体与语法研究，其所采用的方法多是对具体构式或者语言点的特点与应用模式予以经验性的总结，希冀以此为切入点使得教学当中更加有的放矢。其虽然也有一些理性思辨的理论性研究方法，也有一些文章试图以既有文献或相关例证作为支撑来进行理论论证，但这一类的文章占比较少。而实证性的研究则一方面占比不足；另一方面其所采用的方法较为传统，相较于外语教学学科将一些新出现的技术手段，如脑电实验等应用于实证研究，国际汉语教学研究领域研究方法在实证性上显然有些薄弱。可见，当前的国际汉语教学研究学科从学科研究领域所应用到的研究方法来看，的确仍有较大的进步空间。

5. 加强跨学科理论研究

从外语教学学科而言，近年来，为实现其自身的长远健康发展，对于教学理论方面的研究，学科可谓是倾注了不少的心血。首先，外语教学学科领域十分注重从跨语言的视角出发，对教学理论进行研究与探索。在近三年的《外语教学与研究》期刊当中，从跨语言视角进行的研究就有 52 篇之多。而在这一类的研究之中，有些是对于汉语的语法、语篇、演变等问题所进行的考察与分析，有些是从对比的角度进行研究，专注于探寻英语、汉语以及其他语种之间所存在的一些差异，而有些则是从跨语言的视角出发对于中国文化的传播以及跨文化交际领域的知识进行探索与剖析。对于以外语教学为研究对象的学科而言，这些研究无疑是跨语言、跨学科的研究。但与此同时我们也必须要认识到，这些研究其实是为现有外语教学研究学科理论研究开启了一扇新的窗口，它使得学科得以从一种不一样的研究视角出发进行理论研究，而不仅仅拘泥于自身的一亩三分地当中。特别是一些对比类的研究，如刘惟、张庆文、郭洁等学者，通过将英语、汉语等语言进行对比分析，得以从更加直观、更加客观的视角出发，跳脱出外语教学的框架之外，给予现有教学理论以新的启发。通过跨语言的研究，能够帮助学科从更广阔、更多样的视角出发，对学科的教学理论进行探索，进而能够助力学科整体的健康发展。

如果说跨语言类的研究是帮助外语教学学科扩展学科教学理论研究的广度，那么对于翻译研究的关注则对外语教学学科教学理论研究的深度提供了不少助益。翻译研究是一门具有一定综合性的学科，翻译学的研究通常是对于语言学、心理学、哲学、社会学、伦理学等多种学科知识的交叉总结与综合分析，是对于语篇、语用、语义、文化等多方面知识进行系统考察的过程。因此，对翻译学研究投入一定的关注，能够有助于外语教学学科对于学科教学理论进行系统性的总结与综合性的分析，不仅仅从对学科的种种理论研究方向予以各个击破，而是将其作为一个整体来进行考察分析，用网状思维与综合性视角进行考察，而这也将使学科教学理论朝着更加有深度的方向进行挖掘。纵观近三年的《外语教学与研究》，有近二十篇论文对翻译研究进行了考察。这从一个侧面也反映出，当前的外语教学学科在教学理论研究方面已经取得了不少的成就，它不单单拘泥于对具体的模块进行研究，而是上升到了更具综合性的研究视野。这对于外语教学学科的教学研究自是大有裨益。

同时，外语教学学科研究领域对于文化研究也有一定的关注。外语教学学科所教授的内容是语言，而语言正是文化的载体，语言与文化之间的关系实是密不可分的。正如美国外语教学专家布朗（Brown）所指出的那样"语言是文化的一部分，文化也是语言的一部分……习得第二种语言就是习得第二种文化"。可见，要教授好一门语言，也必然要对文化领域有一定的了解与认知，也只有如此，才能真正理解一门语言，了解其浅层含义背后深层的意义，了解其真正的文化根源。而外语教学学科显然对此有所认知，近三年当中，《外语教学与研究》不仅有对于语言文化和交际理论的研究，也有一些对文学方面的研究。这些研究给外语教学学科提供了更完善的理论研究视角，使得外语教学学科得以对语言本身有更深度地理解，在外语教学的过程当中也将更加有的放矢。

此外，还有一个十分特殊的现象就是外语教学学科对于我国汉语教学的重视。外语教学学科对于汉语方面也给予了不少的关注，有一些学者对于汉语与汉语教学进行了一些研究与探索。无论是对于汉语本体的语法、语篇等进行研究，还是对中华文化本身还是中华文化的传播都有着一定的关注。

在近三年当中，相关研究可谓是层出不穷。而在这之中，颇为引人注意的是，外语教学学科对于中华文化所投入的关注。无论是从翻译与认知学的视角对一些中国的经典作品进行研究，如姚达兑对中国道教经典名著《道德经》及其译本进行了探索，还是从文化传播的视角对中国文化以及中国文化的传播进行研究，如范祥涛就对早期的一些儒家典籍进行了一些文化传播方面的研究。可以说，外语教学学科从跨语言研究的视野出发，对汉语及汉语文化都给予了不少的关注。汉语教学学科也应该进行更为深入的研究。

6. 加强对理论前沿研究成果的推介

《外语教学与研究》有一个非常具有特色的研究内容就是对于最新研究成果的推介，主要是关于研究专著的理论介绍。《〈语言演化中的认知与交际〉评述》《〈二语习得中的凸显〉介评》《〈传承语习得〉述评》《〈语言的目标定位系统〉述评》《〈语用能力与关联性〉评价》等。

如《〈认知语法在文学研究中的应用〉述介》一文，首先梳理了论文集当中所包括的基本内容，其将论文集基本内容梳理为两个部分，其一为"叙事小说"，其二为"诗歌研究"，重点概述了其中"文学的语法""文本驱动认知""The Wind hover 中的突显"三个部分。其后，作者对该论文集进行了简评，指出其为认知语法理论的发展提供了不少帮助，同时其涉及的文学作品也十分经典，为语言学提供了不可多得的语言材料。

又如，《〈礼貌的语用观〉述介》一文，首先梳理了《礼貌的语用观》一文当中的主要内容，将其除去附录外的十一个章节分为了三个部分进行概述。该书第一部分在对相关研究和作者早期观点进行修正后，尝试构建一种崭新的礼貌模式；第二部分则是在阐释英语典型言语行为当中所体现出的礼貌现象；第三部分则提出对未来研究的期许，探索新礼貌模式的可应用性。在概述内容的基础之上，作者指出了该书所存在的三方面特色，指出其为礼貌现象的研究提供了可贵的借鉴。

此外如《〈双语比喻性语言处理〉述评》《〈语言与递归〉述介》等文也分别细致地介绍了学科内最新的相关理论研究成果，并对其进行评介，希望为外语教学学科理论研究提供更新、更丰富的理论参考。

从这些推介和评述的专著来看，主要集中在专著方面，其覆盖领域很广，主题都比较新，这对于外语教学学界及时和全面掌握最新理论研究成果，推动学科理论研究，指导具体的教学实践具有重大的意义。

据此，汉语教学界也要及时全面推介相关研究成果，包括国际研究成果，以提高汉语教学的理论研究水平，完善学科建设，并指代具体的教学实践，指导汉语教学事业。

第三节　跨文化视角下对外汉语教学的现状

随着我国经济的发展和综合国力的提高，中国的国际影响力不断增强，越来越多的世界各国人民认识到学习汉语的重要价值，汉语国际地位的提高为对外汉语教学的发展提供了一个新的契机，同时这也是我国对外汉语教学面临的新挑战。由于汉语本身的一些特点，汉语不但是一门语言，而且是凝聚了我国上下五千年历史和文化的文化符号，因此汉语作为一种特别的语言，出现在第二语言的教授课堂上，需要教师赋予其更多的意义，而且还需要结合世界各国的历史文化来提出和思考更科学合理的学科教学理论。

一、对外汉语教学取得的成果

由于国家的有力推动，对外汉语教学如今取得了一些令人惊喜的成果。基于汉语本体的研究进展成效显著，对外汉语教学研究工作对于不同国家人民的汉语学习情况进行了深入分析和研究，因此如今可以站在一个新的角度来讨论和审视对外汉语教学工作，以新的问题或课题带动对外汉语教学研究，促进教学和科研工作的共同发展。

过去对外汉语的教学安排主要为以汉语预备教育和短期语言培训为主，现在逐渐增加了正式汉语教育的比重。

我国对外汉语教学规模日渐扩大，学科教学体系的日趋完善，这些都为国内高校设置对外汉语专业提供了条件。而对外汉语学科的发展也已经累积了多年的教学实践和研究，国内对外汉语教学队伍的专业性也保证了我国对外汉语教学方式的丰富多样，比如现在越来越多的对外汉语教师能够利用多种多样的教学法对世界各国人民进行教学工作，能够充分地引进和消化吸收不同的对外汉语教学理论来辅助自己的工作。

二、对外汉语教学存在的问题

（一）教学方式老套

当前，国内各大高校对外汉语课堂教学都存在一个普遍性的问题，那就是教学方式老套，教师习惯忽视学生的课堂主体地位，导致学生失去课堂学习兴趣。国内教育一直以来都存在一个非常突出的问题，那就是"填鸭式"教育、应试教育。对外汉语教学的目的是培养国外留学生应用汉语的能力，而填鸭式教育明显会打击他们学习汉语的兴趣，应试教育则不利于培养学生的实践应用能力。从人们的习惯来看，评价对外汉语课堂教学质量的方法比较固定，那就是学生学得如何？归根结底，高校对外汉语课堂教学应该尊重学生主体地位，将教与学紧密结合起来。教师是提供教育教学服务的主体，他们必须要引导学生自主学习，帮助学生养成良好的学习习惯。教学方式老套不仅会影响国外留学生的课堂听课积极性，而且还不利于课堂教学质量的提升。

（二）教学内容老套

虽然高校对外汉语教学服务主体是国外留学生，但是由于授课教师基本上都是中国教师，而受到传统教育思想的影响，中国教师在选择对外汉语教学内容时仍然非常依赖于教学大纲和那些版本比较老的教材。这就导致国外留学生所学到的对外汉语教学内容都比较老、陈旧。对外汉语也是一个不断发展、不断完善、不断创新的过程，在实际应用过程中有一些新语言的出现。如果国外留学生想要更好地用汉语与中国人进行交流，那么他们除了要学好基本的汉语知识以外，还应学习一些"流行"用语，这样才能更好地发挥出对外汉语的价值和作用。严格按教材规定的范围内学习，学生缺乏新鲜感，这无疑会影响到他们的听课兴趣。

（三）课程设置灵活

目前我国对外汉语教学的课程设置中的课类主要有语言课、文学课、汉语知识课和其他课程。这几方面是就汉语的特点以及语言教学的特性根据课程内容划分出来的大的课程类别，而具体的小课程的开设需要不同的汉语学院结合当地实际开展和设计。对于符合教学对象状况的促进其汉语水平提高的课程都应该列入教学内容的范围中，而不符合教学对象学习汉语实际情况的一些课程可以适当地停止。另外在实际教学中通常将每类课程中的相关内容分解开设计专门课程进行教学活动，将每一个大的课类划分为小型的、专门具体的课程，如语言课划分成语音课、字形课、拼音入门课、口语交际课等，将不同的听说读写技能划分为专项技能训练的单元，通过说话、写作、听力、阅读等不同的课型将汉语的专项技能与特别要求结合起来，可以设计报刊阅读、诗歌写作、新闻听力等课程。而在课时的要求上，现行的对外汉语教学大多依据不同的课型以及教学对象的汉语基础进行周课时和总课时的设计工作。

综合来看，我国对外汉语的课程设置较为灵活，其中课程设计占据了对外汉语教学工作的方方面面，因此做好课程设计工作是对外汉语教学工作具备针对性、可持续性的重要前提和基础。

（四）教学软件有待优化

国内已有的线上授课直播平台有很多待完善之处，线上授课一旦教学直播软件出现故障，教师的教学就会直接进入"瘫痪"状态。很多汉语教师反映自己在直播授课时软件出现过故障，如软件无法使用、听不到声音、看不到画面、看不到课件、播放演示动画时没有声音、录屏没有声音、录屏视频无法转码、闪退、学生无法进入直播课堂等一系列情况。这些问题通常会浪费大量的教学时间，给汉语教师们造成了很大困扰。

（五）教学效果难以保证

由于在互联网上进行授课，学生不能及时将课堂上教授的知识理解透彻，教学实践结果不能马上得到验证，所以，课堂上验证不了学生的最终学习效果。不论哪种教学方式，都需要及时的教学反馈，但网络教学不利于对学生学习成果的检验，学生可能随时通过搜索引擎寻找答案，考试的信度得不到保障，上课效果有待认证。

（六）网课的客观条件欠缺

网络教学是通过网络的媒介得以实施，但众所周知，网络存在不稳定因素，它有时会有一些突发状况是人为不可控的，在一堂网课上，如果教师的网络经常出现延迟、卡顿，学生就会失去学习耐心和兴趣。除了网络条件外，课前教师要对上网课的设备进行调试，例如，电脑、麦克风、摄像头等硬件设施，不要因为外部条件的不充分，造成学生听课效果不佳。授课环境要尽量保持安静，如果环境过于嘈杂，学生的注意力会分散。

（七）在线教学设计能力较弱

在线教学对我们提出了更高的要求，不仅考查教师对上课内容和教学对象的实时把控能力，而且又对教师将信息技术有效地整合到具体教学内容和教学方法的能力提出了挑战。通过此次调查发现，教师因缺乏在线教学的设计和教学组织经验，使得在线教学仍没有脱离传统的教学模式，网络教学没有创新，教师的指令和任务始终贯穿教学整个过程，学生的自主学习能力得不到提升。

（八）授课教师教学能力有待提升

高质量的对外汉语教师队伍是确保对外汉语课堂教学质量的保证。不同于过去对外汉语教学要求和教学目标，如今对外汉语教学工作面临新的挑战。在这种情况下，授课教师更应不断提升自己的教学能力，为迎接更多的挑战做好准备。高校对外汉语授课教师现有的教学能力已经不能满足新时代背景下对外汉语课堂教学的需要。汉语与国外其他语言有很大的差异性，而作为对外汉语授课的教师他们在教学过程中必须要清楚地认识到两者的差异性，并且在选择教学内容、教学方式时要因地制宜，根据国外留学生实际需要制订教学方案。但是，高校很多对外汉语授课教师都没有国外留学的经历，所以他们对国外语言的认知水平比较低，总是习惯用中国学生的方法去给中国留学生讲课，忽视了他们之间的差异性。这就意味着对外汉语教师现有的教学能力已经无法满足实际教学的需要。

（九）对外汉语教材尚未完全完善

编写一门教材需要大量的人力财力以及精力，对外汉语教学教材也只有数十年的发展经历而已，相比其他第二语言教学的历史，如英语有着几百年的发展历史，其教材早就已经进入了最成熟的阶段。国家一直在致力于编写出更好的更适合不同国家留学生学习的各种教材，目前已经很多教材受到了世界各地孔子学院的好评，然而还是有许多问题值得我们注意，这需要我们在进行对外汉语教学的实践不断地发现及探索，才能编写出更好的对外汉语教材，服务于对外汉语教学事业。

（十）教学管理困难、教师心态容易波动

很多留学生的学习习惯与接受中国式教育的国内学生相比差距较大，他们普遍更散漫一些、自律能力更差一些，但是平时课堂授课时课堂氛围相对会更活跃一些。然而网络教学使教师与学生无法进行近距离的眼神和手势等肢体动

作的交流，缺少了课堂上该有的互动过程，会使直播课堂不够活跃。教师也很难实施在以往课堂上实时监控学生的行为，课堂纪律不能得到很好的保证。一般来讲，教师需要授课时仔细观察学生的动态，了解他们的学习状态，需要通过频繁点名提问来减少学生做出偏离课堂行为的次数。这些情况在"录播课"的教学模式中更为严重，"录播课"缺少了教师及时纠正这一重要环节，使得线上课程的课堂管理尤为困难。而考试的开展就更加困难，确定考试 时间不易，在线监考就更加困难，如何防止学生作弊也成了教师间探讨的难题。很多教师戏称自己在网络授课时代变成了"主播"，在镜头前努力吸引着学生的注意力。但学生的课堂反应和学习效果却让很多汉语教师的教学热情备受打击。相对传统课堂教学，教师需要在线上教学的备课环节花费大量时间，这是典型的学生减负，教师增负。然而教师大量的输入并不能得到预想中的学生输出水平。教学效果不理想、学生学习不积极、很多汉语教师在线上课感到心力交瘁，尤其是很多录播课程的汉语教师通常感到十分焦虑，他们认为自己每天像机器人一样按时备课、录课、批改作业，一个学期下来甚至跟学生都没有过几次交流。在这种情况下，很多汉语教师容易失去教学热情，甚至产生自我怀疑，对线上教学失去信心。

（十一）汉语国际教育并未均匀地遍布世界各地

首先尽管世界各地已经成立了三百多所孔子学院，遍布将近一百个国家，但不难发现，这些国家大多数是与中国一样的第三世界国家以及与中国相邻的亚洲国家，虽然在发达国家以及欧洲的各个国家也有，但其数量却不多。其次在英语占据主导地位的欧美，汉语的市场相对来说很小，对于完全不同的两种语系，学习起来的难度也更加的大，不像与中国属于同一语系的比如朝鲜语，日语学起来那么简单。学习汉语对于这些地区的人来说就是接触一门与自己的母语完全不相干的语言，起步迟，入门难，语用规则繁多，很容易使学习者失去信心。要想更好地传播汉语，如何提高学习者的兴趣是重中之重。

（十二）教学时间难以固定、教学环境无法保证

留学生所在的班级学生组成较为复杂，学生们来自不同国家，时差是阻碍上课的一大原因。教师很难找到学生们统一、合适的上课时间，教师通常需要多次对上课时间 进行协调，这也是有些学校选择"全录播"授课的原因。然而即使确定好了授课时间，也会出现各种各样的问题。学生们的宗教信仰不同，留学生在中国时，理论上我们可以要求他们入乡随俗，遵守学校的要求，按照

中国的工作日和休息日来安排个人活动。但出于对不同民族宗教信仰的尊重，当学生身处自己的国家时，我们很难拒绝学生们关于宗教活动的请假要求。缺课会直接影响学生的学习效果。网络教学环境对师生双方要求很高。首先教师要保证上课时视频画质清晰、声音流畅，网络良好。为了不影响学生进入学习状态，教师需要寻找一个光线良好、网络稳定、没有杂音、足够安静，收音效果好的私人空间进行线上授课。同时，学生也应尽量保证上课地点足够安静、网络流畅，然而这很难实现，每个国家的网络质量不相同，留学生上课时经常会出现打开话筒就是噪音的现象，还可能出现卡顿和延迟。这些问题即影响学生自己的学习，也会对其他学生造成影响。

（十三）教学方法实施受限、教学活动难以开展

很多汉语教师学习过许多先进的教学理念和教学方法，却在网络教学时代"一朝回到解放前"。教师们普遍认为线上课程能开展的教学活动不多，"精讲多练"和教学方 法的多样性难以实现，于是在线上授课时又回到了"满堂灌"，用最原始的语法翻译法进行线上汉语教学。学生操练机会过少会导致课堂氛围不够活跃、学生注意力难以集中，甚至会让学生对新知识"消化不良"。尤其是在"录播课"的形式中，教师与学生完全没有互动，教师只能"一言堂"从上课一直讲到下课，学生容易产生倦怠心理。对于课上的知识学生的吸收能力下降，学习效果变差。线上课程最难进行的教学活动就是小组活动。在以往的汉语课堂中，无论汉语教师选用的教学法是产出导向法还是任务型教学法，都离不开小组活动这一重要环节，然而线上课程却难以实施分组活动。学生在课堂上的操练机会减少，又失去了汉语的语言环境，汉语学习进步慢，甚至还有一些学生出现退步的情况。

中国综合国力的强盛，带来了我国汉语国家推广事业的飞速发展。中国文化和历史受到世界各国人民瞩目的同时，越来越多的留学生和国外对中国怀有热忱之心的友人来到了汉语言的课堂学习汉语。目前我国对外汉语教学规模日渐扩大，我们更要正视对外汉语教学工作的现状，不仅要看到对外汉语教学工作已经取得的成果，也要看到对外汉语教学工作出现的问题，然后从优化对外汉语教材编写工作、课堂教学质量和教师水平的提高等方面出发加强我国对外汉语教学学科建设工作，以此推进国际汉语教育工作的拓展和深入。

第四节 跨文化视角下对外汉语教学的意义

一、对外汉语教学的学科属性

（一）对外汉语教学是语言教学

语言教学的最终目的就是要把语言教好。而在教语言的过程中，一定会牵涉到部分的文化内容，但需要注意的是，文化是为语言教学服务的。语言教学也不同于语言学的教学。语言是交际工具，语言教学的目的就是要让学习者学会使用这个工具，培养他们运用语言进行交际的能力。吕叔湘先生说过："学习语言不是学一套知识，而是学一种技能。"所以，学习语言就是学习使用语言这种工具。语言学是研究语言的性质和规律的科学，语言学的教学则是教授有关语言的理论知识以及有关语言的研究方法。

（二）对外汉语教学是第二语言教学

对外汉语教学的第二语言教学主要是针对母语来说的。对于个人的学习和成长来说，母语还是比较容易掌握的。其交际能力也是在母语的基础上培养的。所以，除了需要进一步提高母语的运用能力、特别是读写的能力外，语文课要求学生学习一定的语文基础知识，要提高他们的思想品德、情感品质、文学修养和审美能力。而对外汉语教学则是在完全没有基础的情况下展开的，甚至学习者连基本的听说读写能力都没有，需要从最基本的内容学起。因此基础阶段的教学对他们来说显得特别重要，是对外汉语教学的重点阶段。

（三）对外汉语教学是汉语作为第二语言的教学

汉语作为第二语言的教学，会受到自身教学规律的影响，但是作为第二语言，它与英语、俄语、日语、阿语等其他第二语言的教学也有较大差异。汉语属汉藏语系，与世界上很多语言的谱系关系都比较远，因而它与其他的语言之间的差异也比较大。汉语中蕴含的文化是独特的，尤其是对西方民族而言，是相当陌生的。这样就增加了语言学习者的困难。

当前我国各个门类语言教育正处在大发展的阶段，充分把握这一形势，不失时机地提出建立带有中国特色的语言教育学科并探讨其科学定位问题，是十分必要的。建立一个学科不易，需要长期不懈的努力，但提不提学科问题，有没有学科意识，是大不一样的。20多年前我国学者提出对外汉语教学是一门学科，这 20 多年来在对外汉语教学实践和理论研究方面所取得的成果，都是与这门学科的建设紧紧联系在一起的。我们有理由相信，各个门类的语言教育也必将在共同的学科建设中得到更快的发展。

二、对外汉语教学的重要意义

（一）学生汉语的学习需要文化的教学

认知主义学习理论认为：学习是通过认知过程对信息进行编码转换、组织与储存并形成认知结构的过程；学习是学习者内在心理与外在环境的互动，心理是学习者处理外部信息的媒介。在第二语言学习中，一种语言符号的信息编码不仅仅是一种符号信息，随之发出的还有大量的文化信息，在解码过程中，解码文化或多或少会影响编码文化，从而出现意义的改变。因此，对语言的理解也要以特定的文化背景为依据。

在对外汉语教学中，学生学习汉语，就要对汉语这一输入信息进行信息解码，重新组织后储存到自己的认知结构当中，才能形成对这门语言的掌握。在这个学习过程中，必然要对汉语有全面的理解才会形成正确的认知，语言的习得绝不只是简单的语言符号的掌握，本质上是两种或多种文化间的交流与碰撞。文化作为汉语语言习得中的一个重要组成部分，不仅对汉语语言的理解和运用产生重大影响，还影响着学生汉语习得的动机、兴趣等学习心理，汉语语言的学习需要文化的教学。

（二）汉语语言中蕴涵着丰富的文化内容

语言反映着文化，又受到文化的制约，不懂一种语言背后的文化，就难以正确地理解和使用这种语言。对外汉语教学作为汉语的教学，同样如此。汉语中蕴涵着大量的文化信息，这些文化直接影响外国学生对汉语的理解和使用，是对外汉语教学中不可或缺的组成部分。

在多年的汉语教学实践中，人们逐渐体会到，要培养学生的汉语能力，提高他们的汉语水平，能在跨文化语境中得体地使用语言，顺畅地进行交际，就必须重视对学生的文化教学。汉语作为世界上最古老的语言，有着千百年的历史，是经过千百年的实践形成的，语言语法，词汇的选用，语境的寓意不是一两天就可以掌握的，是反应中华文化的载体。

从文化的视角观察并研究汉语语音，很多语音现象都与汉民族文化有着千丝万缕的联系。汉语是一种以音节作为最自然语音单位的语言，在现代汉语中常用音节加上次常用音节仅 47 个，占总出现率的 50%，加上又次常用音节也只有 109 个，占到了总出现率的 75%。因而，汉语音节的使用频率高度集中，同音和谐音的现象大量存在。从古至今，人们利用这样的语音特点，形成了极为丰富的谐音文化。在语言运用的特定情境中，借助音同或音近的语音来表达意思，产生"言外之意、弦外之音"的特殊表达效果。这种谐音手法的运用，与一定的文化传统和民族心理相联系，通过谐音的分析，可以寻觅出许多中国文化的渊源。如：中国人除夕吃年夜饭大多有鱼这道菜肴，取的是"年年有余"的谐音；沿海渔民忌讳讲与"沉"和"翻"音近或音同的字眼，因而"盛饭"只能说"添饭"，"翻"要说"转"；在中国一些地方，挑选手机号码、车牌号码等都喜欢选择"8"而不愿要"4"，因为"8"与"发"谐音，"4"与"死"音近；类似的例子比比皆是。虽然谐音作为一种语言现象普遍存在于多种语言之中，但汉语中的谐音现象或语意双关，或禁忌避讳，或象征祈福，其背后表达的是中国人特有的文化心理和价值取向。

另外，汉语语音中叠音、复音等语音艺术手法的运用，让人在品味欣赏之时，又能获得文化的启迪和智慧。还有学者发现汉语中不少词的声音是拟摹事物音响而发出的，如"滴"像"檐溜下注"之声，"鸡"像小鸡唧鸣之声，"布谷鸟"依声命名，"叮当"以声象意，等，这些都体现出汉民族思维方式具体性、形象性的倾向。可以说，只要我们仔细去体会，在汉语语音的背后都或多或少隐含着汉民族的思维习惯和文化心态。

词汇是语言要素中发展变化最快、最为贴近社会生活的一个部分，因而在语言的诸多要素中，词汇与文化的关系也最为密切。一种语言所反映出来的文化，绝大多数都在词汇当中有所体现，语言的文化承载功能也主要是通过词汇显示出来的。如"一日三秋""做一天和尚撞一天钟""红娘"等。这些词汇体现着特定的文化内涵，在其他语言中没有或者难以找到完全等意对应的词语，必须结合中国背景文化知识才能理解。一些汉语词汇的构成还体现着中国特有的文化观念，如："黑白""好歹""成败"等意义相反或对立的词语，表达着中国传统哲学的辩证对立思想；"师生""国家""男女"等词语语素序列的排列，反映着中国文化伦理、等级尊卑观念的影响；"枪打出头鸟""和气生财""与世长辞"等俗语和成语的存在，体现着中国文化中庸、和谐、委婉的意识；"梅""松""竹"等事物本身的特性，被赋予了特定的文化精神和品质等。汉语词汇反映了汉民族的传统观念、价值理想、哲学思维、宗教信仰、风俗习惯、思维方式、心理特点、审美情趣等，几乎囊括了中国文化的方方面面，可以看作是中国文化的一面镜子。

　　语法是人们在长期历史发展过程中所形成的表达规则的体现，它在很大程度上反映着一个民族的思维方式和心理习惯。在世界各种不同语言的语法体系中，汉语语法有它独特的民族个性。汉语是一种孤立型语言，它不像印欧语言那样通过词形的屈折变化来表示语法关系，而特别重视意向的融合性和表达的灵活性。汉语的意合性体现在构词遣句上，表现出语言结构极大的简约性和灵活性。如汉语双音节词的组合多由语素构成，语素的相互结合主要以意义为支点，不受其他形式的约束，灵活变通，弹性很大，可分可合，变化多端。例如："看"可以组成"查看""看见"，前后位置均可，拆开来又分别可以单用或和其他语素重新组合成新词。就像小孩玩的积木，拼拆组合，自由多变，这体现出中国传统哲学思想中"合二为一""一分为二"的观点。又如汉语句子的构造主要依靠语序和虚词来表达意义，因而词语在句中的位置不同，表达的意义也不一样。例如"不怕辣"，我们变换词序后可变为"辣不怕""怕不辣"，三者的语序变化以后，语义也发生了改变，"怕辣"的程度一个比一个深。如此巧用语序，语义仍是通的，但表达的重点发生了转移，还能给人留下遐想的空间，汉语遣词构句的灵活性可见一斑。此外，汉语的句子只要意义连贯，很多成分可以省略，不用借助任何形式上的连接就可以表达，一首古诗的诗句"枯藤老树昏鸦，小桥流水人家，古道西风瘦马"，由九个表示事物的名词单一排列，却能在语义上勾勒出一幅游子思乡、萧瑟凄凉的秋野图景，形成语言凝练、意境深远的独特风格。这种只要语义搭配合理就可以自由组合的构造特点，体现出中国人习惯于综合、概括的思维方式，往往首先从整体上去把握事物特征，通过直觉体验领悟。

　　汉字作为汉语的符号书写系统，可以说是一座蕴藏着丰富文化的金矿，它不仅本身就具有丰富的文化内涵和审美价值，而且书写了浩如烟海的文化典籍，汉字的结构也有很大的学问在里面。如"大"取人的正立之形，"天"为人的头顶，"央"为人立门框中，"好"取女人抱子之状……这充分体现出中国人的主体投射更倾向于自身，喜欢通过自我认识自我体验、自我感悟来认识世界，穷尽万物，属于典型的"内向思维"哲学倾向。又如汉字结构类型基本是以二合为主，或左右，或上下，或内外，贯彻结构对称平衡的原则，而结构平衡又是汉民族文化表现的一个显著特征。在这种二合为主的构形特点中，又不排斥三合结构，如"晶、鑫、淼"等，这表明中国的辩证思维习惯于合二为一，区分主从，但又能随机应变，不讲究形式逻辑。由汉字出发，还产生了许多特有的中国文化现象。如利用汉字形体结构的变换、嫁接、取舍、拆分、组合等手法，可以制作字谜；在诗文楹联中通过拆字、联边、叠字、复字、多音等手段，形成匠心独具、回味无穷的艺术风格；汉字还与中国民间信仰、姓氏文化、实用艺术、现代广告等相互关联，不仅与汉语语言系统相适应，而且同汉民族的思维方式、文化模式也融为一体，经过几千年的发展演变，其文化个性依然存在，并展示出强大的生命力。学习一种语言，主要是要能使用这种语言进行交际，在语言交际过程中，不同的语言有不同的语用规则和文化规约。

如赵世开曾以称呼别人的妻子为例，列举了汉语中 10 种不同的称谓：①你爱人在家吗？②你夫人姓什么？③听说你老伴病了。④你那口子脾气怎么样？⑤你太太也到北京来了吗？⑥师母近来身体好些了吗？⑦你跟你媳妇的关系怎么样？⑧你老婆真能干。⑨你跟你妻子谁当家？⑩你的那位既年轻又漂亮。都是称呼对方的妻子，交际双方的关系不同其称谓语竟然千差万别，这样的语用文化差异如果不教给学生，不仅不利于语言知识的学习，也会造成文化学习的冲突。中国人在本民族文化影响下形成了自己独特的民族心理，这种特殊的文化精神直接影响到我们对汉语的理解和使用。如受儒家"中庸"思想的影响，汉语语用的一大特点是委婉含蓄，我们在语言和情感的表达中往往是内隐的、曲折的。比如中国人一般不在公共场合当面批评熟悉的人，就算批评人也表达含蓄，或避重就轻，或先肯定在指出缺点，顾及当事人的感受，相当委婉；又如遇到对方向自己提出要求，如果自己难以满足或者不愿意承诺，都要考虑如何不伤面子、不失礼貌地拒绝对方。这些在中国人眼里是言语交际恰当得体的表现，是中国人一种潜在的文化心理。在汉语交际中，中国人常常表现出谦虚客套的一面。中国人常常主动贬低自己，如"拙作""浅见""寒舍"等在交际中使用频繁。而对于来自别人的夸奖，中国人总是习惯性地坚辞不受，努力推脱，常用"哪里哪里""过奖过奖""谬赞"等回绝，并伴随窘迫的体态语言。正如孙隆基先生在《中国文化的深层结构》中谈到的那样："中国人一代对一代的教养，只是使人'快点长大'，并没有让他去形成坚强明确的'自我'，反而是教他如何在别人'面'前不要过分表现'自我'。于是，在'羞耻感文化'作祟下，就不只是听到别人当'面'称赞自己时，会'脸'红，即使是偶尔'面'临对方自夸的场合，也会替他'脸'红，热血会冲到耳根子里，甚至背发冷汗。"这些言语交际文化，是中国人在共同生活经历中逐步形成的关于周围世界、社会活动、人际交往、个人行为等的特定信念，这些信念在言语行为上就表现为该说什么，不该说什么；该怎么说，不该怎么说等。

由此看来，汉语不仅仅是一个"交际工具"，从根本上讲它还潜隐着中华民族的思维逻辑和精神特征，语言文字凝聚沉淀和氤氲化生着民族文化。强调对汉语文化特征的把握，是积极有效地开展对外汉语教学的重要保证。

（三）文化是影响学生汉语学习的重要因素

哲学家卡西尔认为人类文化的发展是和表达文化的媒介——符号紧密相连的，文化的发展实质是符号的发展。因而语言绝不仅仅只是工具，它影响着人们的价值观念，基于文化对语言习得的影响，语言应当顺应了当今世界文化发展的时代趋势，语言所表述的内容一定是与那种语言的整体背景。

在这些理论观点的影响下，世界各国在开展语言教育的同时，都不忘文化的传播和交流。理解所学文化的习俗与观念之间的关系，能够理解所学文化的产物与观念之间的关系。能够获取信息并鉴赏只有在外语及其文化中才有的独特观点。是基于有关语言文化、语言文化学习者以及语言文化教育的基本设想，这标准均与文化直接或间接相关，充分显示语言教育是文化学习的重要途径和语境。

只有在文化适当的情境中整体地使用语言，反映了在全球化背景下第二语言学习的最新趋势，代表了新型外语教育的新理念，对汉语作为外语语言的教学同样具有指导意义。

对外汉语的教学对象是一个特殊的群体，他们来自不同国家、不同地区和不同民族，有着迥异的母语特征、文化背景和民族心理，在思维方式和认知风格上都存在着不同程度的差异。如果学习者忽略文化的存在和不同语言间的差异性，就会造成对汉语所承载的文化信息不同程度的缺失或误解，最终影响到汉语的掌握。

在对外汉语教学中，学生学习汉语，文化上的差异会影响讲话人和听话人对语言的选择和理解，影响着语言的得体运用。如在《阿Q正传》中，小尼姑骂了阿Q一句"断子绝孙的阿Q"，便使得他精神恍惚，想入非非。许多外国学生都对此大惑不解，因为他们不明白传宗接代、生儿育女在中国人眼中是关乎家族孝道的重大责任，因而也无法理解这句话在阿Q心中引起的波澜。

很多学习汉语的留学生来中国之前，对汉语和中国文化都知之甚少，语言和文化上的巨大差异往往让他们无所适从。就汉语而言，它属于汉藏语系，与世界上其他很多语言的亲属关系都比较远，"对大多数外国学习者来说是一种陌生的语言，是'真正的外语'。汉语所代表的中国文化更显古老神秘、难以理解。文化决定着人的存在，它只有把文化背景和汉语教学相结合，让学者更深入的掌握汉族文化，才能更好地培养学生的汉语语言能力。

来中国学习汉语的外国学生大部分是成年人，是生活在不同文化环境中的个体，"受到教育所选择的文化影响"的个体被赋予了某种独特的"文化遗传基因"，当他们进入到一种新的文化环境中，学习另一种文化群体的语言并与之交往时，就难免会受到这种"文化遗传基因"的影响，产生有别于汉语语言和文化的各种心理行为。因而在学习汉语的过程中，这些母语文化的主体认知图式必然跟汉语及其所代表的文化产生种种联系和碰撞。这种母语文化的影响，如果起到促进作用，能帮助学生更好地理解汉语；如果起到干扰作用，就会对汉语的掌握产生障碍。汉语和其他语言在文化上的差异，往往是导致语言障碍产生的主要原因。

例如，一个外国学生对刚刚参加完跑步比赛的老师说："老师太棒了！你刚刚跑得比狗还快！"老师听到这样的"称赞"可谓哭笑不得，尴尬不已。因为在中国人和西方人眼中，"狗"所代表的文化意义截然不同，因而在语言的使用上也存在巨大差异。

外国学生在学习汉语时，既要学习汉语及其文化，还要排除母语文化的干扰。只有了解语言背后的文化内涵，把文化背景知识融入语言学习之中，了解文化差异，培养文化意识，才能提高语言能力，语言的学习也才会渐入佳境。

汉语处在中国文化的高环境交际中，汉语的高环境交际特征明显，弥漫在各语言要素中，仅汉语语言中语汇种类的丰富性和其内涵的复杂性，在词汇意义和使用上的差别就往往让很多外国人到了抓狂的地步。如："方便"用在不同的语境中有不同的意义，去厕所方便一下的方便指的是小便，如果方便的话给我捎个早饭，这里的"方便"就不能理解成小便了，如果对我国文化环境不了解的话就容易产生笑话。虽然这只是一个举例，但其中所隐现出来的汉语语汇的复杂性和汉语的高语境文化特征由此可见一斑，如果外国学生不了解这些语言背后的文化意义而想要学好汉语，那是不可想象的。

有的时候，即便拥有了一定的语言知识和技能，但由于缺乏文化的理解和支持，也会造成言语交际的障碍，甚至引起误解和冲突。一个真实的例子：有一位留学生汉语说得挺标准，一次在路上碰到一位五十多岁的大学女教授，竟然称呼其为"大妈"，使得对方及其同行的女儿很不高兴。因为这位外国学生不知道，"大妈"这个称呼在中国人的文化意识中除了指年长的妇女，还含有一点儿文化层次不高形象较为土气的意味在里头。这种"超语言"的文化信息，是无法通过词汇表面意义的对应来弥补和消除的，汉语语言如果在交流中用词不当容易在交际中造成文化冲突。所以，文化对语言的学习起到了制约性的影响作用。

由此可见，语言学习的成功与否并不完全取决于语音的纯正和语法的正确，语言能力的获得，除了要会采用正确的语言形式外，还必须理解语言知识背后的文化意义，遵循语言使用的适切性、得体性这种能力的形成和发展与对文化的理解和表达是分不开的。在留学生来源迥异的对外汉语课堂上，学生的母语多种多样，所携带的文化信息更是纷繁复杂，在他们的汉语学习中总是或多或少带有自己母语文化的烙印。汉语学习者在交际过程中，总是不可避免地植入了本民族的文化价值、思维方式、语言习惯等。考察中国文化对汉语学习的影响，对对外汉语教学是有积极意义的。

在当前对外汉语教学实践中，人们都普遍意识到仅仅拥有语言层面的知识和技能是远远不够的，文化差异反映在语言中，语言因不同文化产生了不同的语言意义和使用规约。因此，为了避免和减少这种失误，要注意对比汉语与学习者母语的特点及规则，注重培养学习者对汉语文化知识的理解及汉语使用的特殊文化规约。

（四）文化教学有助于激发学习动机和兴趣

文化影响着汉语语言，表现在：①汉语语言的理解上面，就像上面所提到的同音不同字和同音不同意的例子；②汉语语言的运用上面，只有结合汉文化把汉字意思理解之后才能运用汉语这个沟通工具；③学习汉语的动机和兴趣上面，单纯学习一门语言肯定是枯燥的，但是结合一个民族的文化来学习的话那就不一样了，可以提高学者学习汉语的兴趣。

在对外汉语教学中，汉语语言的复杂，文化环境的陌生，常常让许多外国学生感到无比的沮丧，丧失汉语学习的积极性，加上有的国家学生受到文化背景差异的影响，学习的主动性和努力程度都不尽相同，如何激发学生的学习动机，培养学生的学习兴趣，就成为摆在很多对外汉语教师面前的难题。

动机是指激励人产生某种行为的主观原因，第二语言习得的动机是学习者在学习一门新的语言时，产生了掌握这门语言的强烈愿望，这种学习动机的强弱对第二语言习得有重要影响，而动机的强弱又和学习者对第二文化所持的态度密切相关。有调查表明，在第二语言学习的诸多影响因素中，学能占33%，动机占33%，智力占20%，其他占14%，动机在语言学习中的重要作用不言而喻。

迫切希望掌握好语言这个交际工具以后，去更好地接触和认识目的语国家的方方面面，学习的自觉性比较高，学习的热情更为持久，学习的效果也更为明显。学习好一门语言的作用显而易见。

从当前外国留学生学习汉语的动机来看，绝大多数学习者是出于实用动机的驱动。我们曾经对国内五所具有代表性的高校留学生进行过一次汉语学习情况的调查，在接受调查的近三百名学生中，其汉语学习目的主要包括以下几种情况：①工作需要；②生活需要；③对中国文化感兴趣；④为学习其他专业打下语言基础；⑤了解中国。在这五项学习目的中，有三项均出于实用动机，占到了调查人数比例的93.6%。单纯出于归附动机而学习汉语的人数实际上非常少，归附动机往往是伴随着实用动机而产生的，是在实用动机的驱动下受到某些因素的影响，进而产生归附动机。即便是对那些把汉语纯粹当作工具来看待的学习者而言，要掌握好汉语这个语言工具，也不可能对文化的问题完全不管不顾。

对于一名来到一个陌生且迥异的语言文化世界的外国学生而言，不管是生活上还是学习上必然会产生一定程度的不适应，这种不适应达到一定程度就会产生"文化休克"现象，或抗拒目的语文化，或对其采取逃避心理，最终影响到语言的学习。因此，从强化学习动机的角度对学生进行文化的教学，便于突破母语文化的思维定势和对异文化的成见，减轻文化震荡对学生的冲击，是一个颇为有效的办法。而且枯燥乏味的语言学习与训练，因为有了文化的渗透和充实，语言会变得更加丰满，学习过程也会更有乐趣。

我们以汉字为例来说明。汉语难学，汉字尤其难学，几乎已成世界公论。对于许多习惯了拼音文字的外国学习者而言，汉字难认、难读、难写、难记，一个个方块字就如同一幅幅神秘的图画，让他们大呼头痛，无所适从。但是如果我们在汉字教学中适当利用汉字的文化内涵，运用一些文化教学的方法，就可以化难为易，化繁为简，培养学生的汉字学习兴趣。如汉字中很多字形义之间具有较密切的联系，对外国学生而言，汉字字形表意神秘而有趣，从汉字的字形入手，讲解字形和字义之间的联系，能激发学生的兴趣，让学生感受到汉字字形表意的魅力。例如："既—即"这一组音近形也近的汉字，就可以利用这两个汉字的古字形，帮助学生理清它们的形意差别。"即"的古字形左边是一个盛放食物的器皿，右边是一个人面对食物跪坐着，表示的是开始吃饭；"既"的古字形左边也是一个盛放食物的器皿，右边是一个人背对着食物坐着，意思是已经吃完。通过这两个汉字的古字形，学生明白了"即"表示马上开始，"既"

表示已经完成，因此，"立即"是要开始的意思，写作"即"，"既然"是已经完成之义，要写作"既"。这样一讲，学生不仅对"立即"和"既然"的意思区分得很清楚，而且这两个汉字也不容易写错。利用汉字的文化特性进行教学，学生听起来兴趣盎然，也无形中对汉字特点有了更深的认识。

又如我们可以抓住汉字"独体组合，构成新字"的特点，利用中国传统的韵语识字法，编成一首首形式短小、内容浅显的歌谣或顺口溜，教学生诵读识字。如"走过山石岩，到了白水泉，几勺鱼羊鲜，口中舌甘甜"，这样朗朗上口的韵语歌谣，既体现了汉字构字的特点，联系了生活语境，又富于节奏，生动有趣，便于联想和记忆。由上可见，恰当地引入文化的内容和方法去教外国学生学习汉语，能化解汉语学习中的难点，激发学生的学习兴趣，不失为对外汉语教学的便捷途径。

很多外国学生都是已经具有一定知识结构和认知能力的成年人，往往学习兴趣浓厚，求知欲望极强，思维非常活跃，因而对文化的反应更加敏感和强烈。他们在学习汉语时，往往并不受语言水平的限制，在汉语学习的初级阶段，就伴随着对汉语文化背景和中国文化现象的好奇和探索。如他们在课堂上学了"你好""再见"等这样的打招呼方式，用了以后就会有学生觉得奇怪："为什么我这样对中国人打招呼，有的人并不回答？"还有的学了"您贵姓？"，就会提出疑问："为什么只问姓？""前面为什么还要加个'贵'字？"除此以外，"为什么有的中国人不是老师，我们也称呼他为老师？""中国人过春节为什么要放鞭炮？"如此等等。他们虽然掌握的汉语并不多，但上述很多问题已经涉及了中国交际方式、文化传统、风俗习惯等多个方面。

对对外汉语教学而言，对文化习得的兴趣不仅是学生学好汉语的动力保证，也是提升学生文化素养的重要策略方面，学生带着文化的兴趣去接触汉语的汉字、词汇、语法，或者汉语的语用功能，就更容易理解这些语言知识，运用这些语言知识能做什么，并在实践中激发学生主体参与的学习动机，在内在需求与外在动机的双重作用下，进而顺利完成学习任务，使学生的需求得到了满足。

对外汉语教学的实践也表明，从文化入手，借助中国文化的魅力来跨越语言上所存在的巨大差异，能产生更好的学习效果和对学生持久的影响力。一位留美中国学生借助中国民歌、民族舞蹈、书法、武术、传统节日等文化内容和活动方式来教美国学生学汉语，仅仅通过三个星期的汉语学习，让学生从"一看见汉字就头晕"，到"享受汉语课上的每一分钟""想在高中选修中文课"，不得不让我们惊叹中国文化对于汉语学习的无限魅力。

因此，一种语言的魅力其实并不在于语言本身，而在于它所代表的文化。在语言学习中适当导入一些文化内容不但可以增强课堂教学活动的趣味性，还能促使学生积极采用目的语进行表达，从而提高语言学习兴趣。很多对外汉语教师都有类似的实践体会，在教学中发掘一些与学生兴趣相关的文化点切入，能收到良好的教学效果。

如：有的老师讲到"乐器"，就介绍了几种主要的中国民族乐器，并在课后让学生观看一场中国民乐演奏会，那些中国特有的琵琶、笛子、古筝、扬琴等乐器表演给学生留下了深刻的印象；讲到民歌，有的老师就介绍《茉莉花》这样优美动听的中国民歌，讲解歌词，哼唱歌曲，学生兴趣盎然，觉得十分美妙；还有的老师讲解某些中国汉字，借助汉字丰富的文化内涵来理解汉字的意义，让学生觉得特别神奇。点点滴滴，带给学生的是一种文化的感受，文化的体会，文化的理解，不仅可以加深学生对语言知识点和课文内容的理解，而且能够扩大他们的知识面，受到学生的普遍欢迎。通过展示中国民族文化和艺术来教汉语，更能营造和谐、平等、活泼的教学氛围，也更能让学生对中国文化及其存在形态产生浓厚兴趣，积极主动地参与到汉语学习中来。

第三章　跨文化视角下对外汉语语言要素教学

对外汉语教学作为一门新兴学科，其根本目的是帮助学习者运用汉语进行有效的交际。语言作为文化的组成部分，一方面，深受文化的影响，没有语言就不会有文化的存在；另一方面，语言作为文化的载体，包含并表现着丰富的文化内容。因而，这两者之间的密切关系，脱离文化的语言教学，不可能实现帮助学习者提升跨文化交际能力的教学目的。本章分为汉语语音教学、汉语词汇教学、汉语语法教学以及跨文化交际与文化教学四部分。主要内容包括：对外汉语语音教学的主要内容、对外汉语词汇教学的方法、对外汉语语法教学的方法以及跨文化交际和文化教学的内容等方面。

第一节　汉语语音教学

语音是语言的物质外壳，是人们学好一门语言的重要因素。而汉语作为一门有声调的语言，这给很多留学生学习汉语带来了很大的困难，即使是学了很长时间的汉语也仍然会把汉语说得"洋腔洋调"。所以语音教学是贯穿于对外汉语教学的整个过程中，在整个教学中占有重要的地位。

一、汉语语音教学的主要内容

（一）对外汉语语音教学

对外汉语教学指的是针对不以汉语为母语的人群的语言教学工作。对外汉语教学就是提高非汉语为母语的人群的汉语交流技能水平，让学生能流利地使用汉语进行交流，这也是我国对外汉语教学工作的一贯宗旨。语音是掌握一门外语的基础和根本，语言是通过语音实现口头交流的。由此可见语音教学在语言教学中的重要性。

语音教学作为语言教学的基础，主要强调发音练习和基础知识的掌握，只有充分掌握了这两项基本技能，才能在后续的学习过程中更深入、更透彻领悟汉语的精髓。但是，如果初学者没有任何汉语学习基础，那么他的汉语学习之路将充满荆棘。在当前的对外汉语教学工作中，我们发现，学习者大多已经是成年人，在这之前他们已经完全熟练掌握了母系语言的发音和学习，并能熟练自如地使用母系语言进行无障碍交流，这种情况下，再让其接受汉语的学习，是非常不容易的一件事情。然而，这并不是说成年人不可能学好汉语，与儿童时期学习汉语相比，成年人有良好的理解能力和逻辑思维能力。

初学者在接触汉语时，首先要进行语音的刻意模仿和训练，另外老师要发挥好引导者的作用，让学生及时掌握必要的汉语语音基础知识，但不能过于专业化、学术化，避免类似于中文专业授课时的汉语知识大放送，尽量避免给初学者造成汉语学习艰难枯燥的印象。借助于成年人丰富的理解能力和逻辑思维能力，再加上老师灵活多变的教学方式，就能让汉语教学工作变得简单。可见，要想做好汉语语音教学工作，必须在了解学习对象的母语特点的前提下进行有侧重的教学，不可能做到面面俱到。即使无法做到按地区或国别进行分班教学，也应当注意进行语音的分类别练习，要为学生努力营造一个良好的语音环境，尽可能地让学生消除母语给汉语学习带来的消极影响。

（二）声母、韵母教学

语音是语言作为一种最常见沟通工具的重要组成部分，正常的人际交往离不开语音沟通。对外汉语教学工作中，语言教学主要是指拼音教学。初学者在学习拼音的初始阶段，一定要增强自信心，不要被看似繁杂的拼音吓到，教学者务必要强化学生在初学拼音的时候的信心。对外汉语教师的责任在于帮助汉语初学者跨过学习汉语的第一个难关。汉语是世界上最复杂的语言之一，初学者在开始就有畏难的心理，既然我们无法改变这一事实，就不如通过灵活的方式和多变的技巧让初学者在短时间内学好汉语。

拼音是由声母、韵母和声调组成。认识到声母、韵母在对外汉语汉语语音教学中的基础地位后，就要有意识地加强对它们的认知上的理解。第二语言的学习，意味着在掌握一种母语后对另一种语言的学习，就是一个不断排除母语负迁移的过程，也是不断积累和增加对所学第二语言知识的认识、掌握和运用的过程。这个过程贯穿于语言学习的长期实践中，并且是不断修正和不断积累的。由于语音自身变化和结构规律的复杂，如果不下苦功练习，是很难收到良好效果的。

在声母、韵母教学中，教师示范、学生模仿是最基本最传统的教学方法。

鉴于汉语的发音特点与留学生的母语发音特点差别较大，老师为了让学生更快速地领悟汉语发音的精髓，可在正常教学中适当加入夸张发音方法，通过发音示意图进行教学。同时，老师还应当对发音部位、发音方法进行讲解。老师示范阶段结束之后，应当留给学生充足的刻意模仿和反复训练时间，在这期间，老师应当把重心放在让学生实践上面来，不要拘泥于舌音、鼻音等具体的深奥的名词讲解，不必纠结于具体的发音部位和发音方法，要努力提升学生进行汉语训练的热情和积极性，对学生来说，只要知道如何去发音，发音正确就足够了，而无须一定要明白是鼻音还是舌音。针对不同的声母、韵母，老师要善于运用灵活多变的教学方式，用循循善诱的方式去教学，让学生有兴趣地去学习。汉语拼音中"b、p、d、t、g、k、J、q、zh、ch、z、c"是典型的 6 对不送气音和送气音，外国学生学习这些拼音时的典型表现是送气太弱，或者受母语影响较深不会送气，因此，他们的发声中几乎都不存在"p、t、k、q、ch、c"。授课老师遇到这种情况时，最好的方式是让学生充分理解它们在发声方式上的不同，可以用吹纸条的方式让学生自己去体会两者发音的差异，自己在发声过程中就能很容易区分两者。这样，学生就能根据自己发音过程中是否送气进行有意识的训练，如果唇边能产生强气流吹动纸条，就说明是送气音，在不断地反复刻意训练过程中，留学生就能完全掌握送气音和不送气音的区别了。"zh、ch、sh、r"是典型的翘舌音，由于在英语中是不存在翘舌音这一概念的，如果留学生受到较强的母语负迁移影响，他们就很容易将这组翘舌音误发为舌面音"j、q、x"。如遇到这种情况，授课老师就应当考虑借助发音示意图帮忙了，翘舌音和平舌音最大的不同在于发音时唇形、舌位，示意图能将这些变化详尽展示出来，授课老师可以用四指并拢上翘的方式模拟翘舌的动作，以时刻提醒学生要注意翘舌的发音，经过反复训练，就能学好这些翘舌音。从教学实践来看，"zh、ch、sh、r"要经过很长时间的刻意联系和反复训练才能掌握。因此，老师要讲究循序渐进的教学方式，不要过于心急，让学生在日常训练中慢慢培养正确的发音习惯。

另外，对于学生一般很难掌握的舌尖元音，如果学生确实对舌尖元音存在发音障碍，那么应当适当降低标准。老师不应当对外国人学习汉语要求那么苛刻，"zh、ch、sh、r"这些翘舌音本来就是从北京话里延伸出来的，中国人说普通话也未见得能把这些翘舌音说得准确无误，更何况是外国人呢？倒不如把这些纠缠语音发音是否正确的精力放在别的工作上，似乎更有意义。

目前，对外汉语教学的很重要的一部分就是短期语言进修，针对这些学生，我们应当用理解和宽容的态度去对待他们的发音，不必拘泥于某个发音而浪费了大量时间，应当注意提升他们的学习积极性，只要他们能掌握基本语音就已经很不错了，至于这些发音难点，可以留待以后的工作学习中慢慢领会掌握，老师注意在平时的课堂教学随时纠正。

汉语拼音中有 21 个声母，w 和 y 并不能算作真正意义上的声母。当然，在实际交际中，至于 w 和 y 是不是声母的问题并不重要。在学习拼音字母的时候，老师就把 w 和 y 划入声母的行列，如果不是专门研究现代汉语，那么也往往会认为 w 和 y 都是声母。因此，纠结 w 和 y 是不是声母的问题意义并不大，因为这些丝毫不会影响人们运用汉语进行沟通和交流。有人曾经针对 w 和 y 是否为声母这一问题进行过调研，结果发现，日本、沙特、缅甸、伊朗等国家的留学生基本上都将 w 和 y 划入声母的行列，虽然他们已经学过 w、y 的加写和改写，但是他们仍然将 w、y 当作声母看待，而且一直坚持认为 w、y 从属于声母。

在我看来，将 w、y 当作声母进行教授比较理想，这不仅便于教师的讲解，有助于教学效率的提高，同时让留学生减轻不必要的学习负担。因此，如果我们将 w、y 仅仅作为声母来学习，那么在 i / in / ing / u / u / ue / uan / un 自成音节时，就大可不必再考虑 w、y 的加写了，因为 16 个认读音节已经足够了。在进行拼音听写练习过程中，如果涉及不到 w 与 y 的改写，就可以直接将老师的发音 ia / ie / iao / iou / ian / iang / iong / ua / uo / uai / uei / uan / uen / uang / ueng 默写成为 ya / ye / yao / you / yan / yang / yong / wa / wo / wai / wei / wan / wen / wang / weng，在汉语教学工作初期，老师就需要对 w 和 y 的改写、加写进行详细讲解，这些知识看上去简单，但是学生学起来却枯燥，这将会不利于学生后续阶段的学习，帮助学生走出"畏难时期"是必要的，也是必需的，只有这样才能让留学生增强学习汉语的信心，以极大的热情投入到汉语学习当中。

（三）音调教学

声调学习是语音学习中非常重要的一个环节。授课老师可根据实际情况简化声调教学工作，降低学习难度。在授课过程中，老师应当尽量减少对学术概念的讲解，如阴平、阳平、上声、去声四大声调，而只需要告诉学生在汉语中是有声调区分的，也就是一声、二声、三声以及四声。为了让留学生尽快掌握四个声调的发声要领，可简单地将其概括为"平、升、低、降"。在实际使用中，四声并不是按照原来的声调进行发声，人们往往会对其作出简化处理，即对上声进行处理得到半三声，这是基于实际交流中人们很少对上声读全三声这一角度考虑的。如果出现两个三声连读的情况，这时第一个三声就要变成二声。可见，上声都要读为半三声，因此，我们可以认为半三声是上声的一种表现方式，对外教学中的上声发音可以用半三声代替。留学生需要对汉语发音的四大声调进行刻意训练和反复练习，才有可能领会声调的抑扬顿挫特点。根据经验总结出的教学顺序可作参考：声调教学按照阴平、去声、阳平以及上声的顺序进行。阴平是汉语中四大声调中最高的，也是最容易被掌握的，阴平学好了，才有可能对后面三种声调进行更快地学习，之后是去声，去声建议使用夸张教学法进行讲授，学生很容易模仿被拖长的声调，待学会之后，再将去声缩短。之后是阳平的学习，留学生很容易将阳平发成阴平的形式，授课老师遇到这种情况时应当及时指出来。前面三种声调学会了，半三声的学习也就不难了。对外汉语教学工作中的声调学习顺序之所以是这样是基于相邻声调差异较大学生易区分的角度考虑的。课堂上的语音教学工作重要，课堂之外的使用练习更是不容忽视，留学生要从基本字的声调发音开始，逐渐增大难度，提高到词组的声调练习，直到能够在完整的句子中分别出每个字的声调。声调的学习是一个枯燥的过程，留学生声调基础较差，更需要老师有足够的耐心和精力去纠正每一个声调发音错误。在经过长时间的刻意练习之后，相信留学生对汉语的四个声调有很好的了解和认识。

（四）儿化韵及变调语音教学

1. 儿化韵教学

在汉语中有一个现象往往令留学生倍感头疼，即 er 有时与韵母结合构成儿化韵。儿化韵在北京地区极为普遍，但在其他地方并不会大面积使用。儿化韵是汉语中一个非常有意思的现象，它的出现能让语义更加活泼生动、表达也更丰富。留学生母语中几乎不会有儿化韵的存在，因此，毫无疑问，儿化韵成为留学生学习汉语的一个难点也就在所难免。儿化韵是极难掌握的，这是因为儿化韵通常不是按照一定的规律进行发音，而是根据实际语境、口语习惯进行发音的，有的词语必须儿化，比如住哪儿、过会儿。有的可儿化可不儿化，如茶馆（儿）、瓜子（儿）。还有儿化需视情况而定，如胡同和胡同儿，一条狗和一条儿香烟等。前者出现儿化是组合方式有差异，后者出现儿化是因为对象有差异。还有，儿化还因为不同人的使用习惯、口语和书面语的差异、不同地域之问的差异等而使用方法各异。

要想学会儿化韵，翘舌音 er 的学习是必不可少的，学会之后就需要对包含儿化韵的句子进行强化训练。留学生刚开始学习读 er 时是极为痛苦的，由于不得要领，他们将韵母和 er 分别发声。授课老师遇到这种情况时，第一步就是采取老师示范、学生学习的教学方法，让学生在模仿中体会韵母和 er 结合之后的发音。掌握汉语发音的关键在于能准确模仿标准发音，当然必要的语音知识也是非常有用的。另外，学习语音知识的一个绝佳方法就是和语流教学相结合，通过学习语流中语音的变化对留学生对掌握声调变化非常有帮助。语音教学工作是一个长时期的累积的过程，单单依靠老师的几章课是远远不够的，更何况，汉语教学中因为声调、变调的存在变得更加复杂，留学生只有经过长时期的刻意、反复训练，才有可能让汉语水平得到稳步提升。儿化词是汉语普通话语音教学中的一个重要内容，也是对外汉语语音教学中的一个难点问题。在对外汉语教学中，儿化词教学是一个亟待解决的问题，我们要总结前人的教学经验，把有关儿化词的教学方法策略落到实处，在某种程度上来讲，处理好对外汉语教学过程中的儿化问题，就是在对外汉语教学中为留学生创造了一道跨越语言障碍的通途。

2. 变调

所谓变调，指音节之间相互影响使声调发生的语音变化。汉语普通话在语流中会发生有一定的规律可循的声调变化，这就是存在于汉语普通话中的变调现象。变调教学强调语音流畅性，这是汉语语音声调教学中的难点。变调问题在汉语的词组和短语教学中给学生带来了不小的困扰。针对这一教学难题，老师要善于从教学对象自身的特点出发，充分利用成年人灵活的逻辑思维能力，引导学生对变调规律进行总结，再加上长时期的刻意练习，进而使学生掌握变调。变调在汉语普通话的表现有两种：第二声的变调、"不"和"一"的变调。在实际使用中，四声并不是按照原来的声调进行发声，人们往往会对其作出简化处理，即对上声进行处理得到半三声。如果出现两个三声连读的情况，这时第一个三声就要变成二声。如果在句尾遇到两个上声连读，读成全三声。老师应当根据这一规律选取例句让学生在课下进行刻意练习。"不"和"一"的变调与此不同。如果在语流中遇到"一"的情况，如果"一"不是用来表达序数词或者被用在词尾句尾，那么这种时候就需要对"一"进行变调处理，如果在语流中遇到"不"的时候，如果"不"不是单用或者在一、二、三声前面，那么这种时候都需要进行变调，变调为二声。"一"在阴平、阳平、上声前变读为去声，如果"一"出现在去声的前面，这是声调就变为阳平，这种情况下，"不"的变调处理与"一"一致。通过总结这些变调规则，学生在遇到该变调的情况时就会按照规则进行处理，简单直观。

二、汉语语音教学的主要原则

（一）分析语音异同点的原则

关于音素、音位、音节、音变等问题，世界上各种语言的语音都普遍存在。在以上问题中，往往既有相同点又有不同点，这就要加以区分归纳。就汉语、日语、英语、俄语而言，就音素问题而言，相同之处在于：都有 [e]、[a]、[i] 等元音音素，都有 [p]、[t]、[k]、[ts]、[s]、[m]、[n] 等辅音音素；不同之处在于：汉语有卷舌元音 e[r]、舌面前高圆唇元音 [y]、舌面后半高不圆唇元音 [Y]，日语、俄语、英语没有这些元音音素。汉语有舌尖后音 [ts]、[ts']、[s]、[z] 和舌面前音 [ts]、[ts']，日语、俄语、英语中也缺少这些辅音。从音位上来看，汉语与其他语言的音位相同之处是，同时存在元音音位和辅音音位，汉语与其他语言的音位不同之处：汉语中的塞音既有送气音又有不送气音（/ p /：/ p' /、/ k /：/ k' /、/ t /：/ t' /），汉语不对清浊进行区分（/ p /：/ d /、/ t /：/ d /、/ k /：/ g /），而英语、日语、俄语则恰恰相反，这些语言中只会存在清音和浊音，而没有送气音和不送气音。还有，汉语中还出现了超音段音位的概念，而这些在其他语种中则是没有的，日语稍有不同，日语中的调位在时刻变化，只有在连读音节时才会出现。在音节问题上，汉语与其他语言一样，都会有元音和辅音的存在。区别在于，汉语音节相对于其他语种音节多出了声调的概念。

汉语的音节几乎都是由元音、辅音和声调组成的。汉语音节具有以下特点：每个音节中都存在元音和声调，元音在有的音节中不止一个，所占分量较重；汉语中不会出现辅音连续出现的现象，日语、俄语等与此差异较大；汉语和其他语种都会出现音变的现象。然而，汉语的音变多发生在儿化、变调以及轻声上面，其他的语种是发生在重音、同化以及弱化上面。从汉语和其他国外语种存在的差别入手，有步骤有计划地开展我国的对外汉语教学工作，对学生学好汉语熟练使用汉语进行交流都是非常重要的，老师要引导学生进行有针对性的刻意练习，只有这样，才能让学生真正做到汉语无障碍交流。

（二）根据音节进行整体认读的原则

音素是音节的基本组成单位，音节则是最基本的语音单位。在我国的普通话中，一般的音节主要包括三部分：声母、韵母以及声调。如果是复杂音节的话，其韵母部分又分为韵头、韵腹以及韵尾。我国正常的语文教学通常采取分解音节的方式进行，总共分四步：首先让学生掌握韵母如何发音，其次教会学生声母如何发音，再次是教会学生将生母和韵母组合到一起，最后教会学生音节的四个声调。我国的对外汉语教学工作教授音节的过程与此类似，但是由于留学生自身的特点，从实际的反馈信息来看，按照上述四步音节教学法进行教学时，取得的效果有限。原因有以下五方面。

①辨音困难。在汉语音节中，仅仅通过声母发声是模糊不清的，只有借助于元音的效果，才能形成清晰的发音，如果每次声母发声都要加上辅助的元音，那么之后想再去掉元音就是比较困难的事情了。

②声母韵母须同时学。在舌尖前元音和舌尖后元音的学习过程中，一定要注意做到与声母学习相结合的学习，否则要想掌握元音是很困难的。

③学习方法有误区。如学习掌握每个音节的四声发音时，会使学生养成一个很不好的习惯即常常是从第一声数到第四声，这样一种教学方法使留学生要在拼出某字发音之前需要一段时间的认读，这会降低学生识记效率，影响汉字发音速度。

④拼写复杂。汉字的拼写并不是一件容易的事情，声母和韵母相拼才能形成音节，当然在不少情况下韵母是复杂韵母，这其中的规律不是短时间能够掌握的。

⑤需要长时间的积累。汉语是世界上最难最复杂的语言之一，要想学好汉语，必须从多个方面着手，既要掌握声母韵母的准确发音，又要学会声母韵母的组合拼写，还要学会音节的四个声调，可以说，哪一步做得不到位，都不可能学好汉语。另外，要对400多个音节以及1300多个有效音节有全面准确的了解，这些都需要花费很多的时间和精力。

我们提倡的分步音节学习法还是存在不少的问题，在对外汉语教学中，这种分解音节的学习方式并不能给学生一个整体的感性认识；完全将音节进行肢解教学，看似学生把每一部分都理解得比较好了，但是将它们组装到一起之后认读的实际效果并不好。一个音节就是一个整体，音节才是构成语言的基本单位。如果在学生学习汉语初期就能把音节作为一个整体去讲授，让学生去感受音节的发音，那么效果可能要好得多。我们是否可以尝试一种新的教学方式，首先让学生掌握由韵母和声调组成的音节，然后再让学生掌握由声母、单韵母和声调组成的音节，最后再让学生掌握由声母、复韵母（鼻韵母）和声调组成的音节。遵循由易到难，从简入繁，循序渐进地培养学生对音节的整体认识和把握，这种教学方式对对外汉语教学工作可能更为合适。

（三）读音和书写结合原则

自古以来，文字就是语言表达的一种重要途径，人们借助文字进行沟通和交流。文字的出现，让语言的传播突破了时间和空间的限制，人们可以借助文字进行更深入的交流；各种技能、历史知识、经验等都是借助于文字的传播而流传到现在，文字对推动社会进步具有积极的意义；有了文字，才产生了书面语言，而语言的加工和规范化才有条件得以顺利地进行，正是依靠书面语言才得以保存至今。因此，学习记录这种语言的书写符号——即文字——是学习任何语言都必须遵循的准则。汉字是象形文字，属于表意体系的范畴。汉字是汉语的书而表达工具，学不好汉字也就学不好汉语。汉字的特征极为明显：讲究音、形、义融为一体，且汉字的意义和用法有极大的规律可循。掌握好汉字的这些特征，对于学好汉语是非常有帮助的。

为了能尽快帮留学生摆脱学汉字难的困境，我们的对外汉语教学工作应当把常用汉字的介绍和使用纳入汉语教学工作中去。通常说来，汉字属于音节文字，一个汉字与一个音节是对应的（当然儿化音不属于此范围之列）。在我国推广的普通话列表中共公布了约 1300 个实用音节，这些音节几乎涵盖了我们同常交流中所用到的所有汉字。有资料显示，在我国推广的普通话中，常用字 2000 左右，次常用字 1500 左右，如果留学生能全部掌握这 3500 字，那么基本的阅读就不是问题了。我们可以做个假设，如果在我们的对外汉语教学课堂中设置常用字和次常用字讲授课程，一堂课讲授大约 20 余个常用字，那么用 150 课时就几乎把所有的次常用字和常用字的读音、书写都讲授一遍。这种教学方式下，留学生可以住最短的时间内就对常用字有了全面细致的了解，能读会写，另外，授课老师还应当注意多音字的教学工作，让留学生对同样的字在不同的词组中会产生不同的意思有一个初步了解，这样，就更有利于我们的对外汉语教学工作的开展，让留学生大踏步地前进于学习汉语的征程中。除此之外，语音教学、朗读教学以及汉字书写是进行对外汉语教学工作的三驾马车，只有三者并驾齐驱，才能让汉语工作这辆马车行得更久，走得更远，同时也能够提升留学生学习汉语的热情，提高学习积极性。

三、汉语语音教学中存在的问题

（一）语音教学没有得到足够重视

一方面，当学习者完成了对语音教学初级阶段的学习后，对语音的学习和知识都有了一定的了解和认识，此时，有一部分学习者就会形成对语音完全掌握无须再进行语音学习或语音学习已经结束的错误认识，并在日后的学习过程中逐渐忽视或停止语音的学习，直到在学习和交际过程中遇到无法克服的语音瓶颈，才再次认识到语音的重要性。

另一方面，一些教师未能充分认识语音教学。在他们看来，语音教学的任务就是纠正学习者的发音问题，那么对于语音发音准确的学习者而言就无须过多进行语音的训练和强调，而对于那些语音基础薄弱的学习者来说，过多的训练也并不能完全纠正他们的发音问题，与其反复操练，不如点到为止，既节省了教学时间，也不会耽搁下一阶段教学的进程。面对这一问题，教师应首先对语音教学的地位和重要性有充分正确的认识，并在教学过程中，对学生进行科学引导和观念上的不断修正，让学习者认识到语音学习是汉语学习的基石，只有通过反复训练并将语音学习贯穿到整个汉语学习的过程当中，才可能较为彻底全面的掌握汉语语音，在实际运用中得心应手。

（二）缺乏系统的语音教学视听教材

当前一些学校所开设的汉语语音课程缺少与之配套的语音视听材料，而真正意义上的语音试听教材在市面上也并不多见。面对这一现状，教师只得选用不能完全符合教学需求的教材或采取自摘自选的语音教学内容进行教学，这难免造成所用教材和教学资源与教学安排不匹配的现象出现，从而影响到教学的质量。这就要求我们将目光放到系统的语音教材编写上，依照对外汉语教学大纲，从满足实际的教学需求入手，编纂出系统完整的语音视听教材，进而有效促进语音教学的开展。

（三）语音教学研究手段和方法仍需提高

由于许多研究者受到当前语音研究条件及水平的限制，在进行语音教学的研究工作时，易出现依靠个人教学经验，单一凭借自身从课内外所获取的相关教学信息，对一些语音问题进行重复性描写的现象。鉴于此类研究报告多半只是个人经验的总结和对他人观点的复述，因此并不能够为语音教学的研究提供具体有效的数据和指导。面对这一现状，我们应不断丰富语音教学的研究手段，拓宽语音教学的研究方法，积极引进国外先进仪器和实验方式，将教学研究和教学实践紧密结合，促进实验语音学的发展，同时要把理语音教学理论成果同课堂教学相结合，切实提高对外汉语语音教学水平。

第二节　汉语词汇教学

对外汉语教学中，任何一部分内容的学习都是不可或缺的，但是由于汉语词汇量巨大，因此，我们在词汇教学方面要加大注意力，同时要知道，词汇的学习是一个长久的过程，它可以一直延续到以后的中高级汉语学习过程中。所以，基础汉语词汇对于汉语学习者来说是非常重要的，教师一定要积累经验，遵循词汇学习的原则来进行教学，同时学习者也要按照适合的方法来进行学习。

一、词汇的重要性

词汇是语言的建筑材料，缺少了词汇，就不能产生完整的句子，没有了完整的句子，语言交际也就成为问题。因此，词汇越丰富越发达，语言本身也就丰富越发达，表现力也就越强。如汉语中父辈的兄弟有"叔叔、伯父、伯伯、舅父、姑父"等，而英语中只用一个"uncle"来表示。在对外汉语的词汇教学中仅仅锻炼学生的词汇记忆是远远不够的，还应掌握词汇的语义、句法功能和搭配关系以及词汇的文化内涵和词汇在不同的情景中所具有的附加色彩。

二、词汇的教学方法

（一）直接法

直接法就是要借助直观的手段来帮助学生进行词汇的学习。对于刚开始学习汉语的学生来说，可以用一些比较直观的教具来帮助学生进行学习。这是因为，人们感知的信息材料越直接、越具体，那获得的印象就会越深刻，记忆的效果就会越好。例如说，在讲水果、桌子、椅子这些名词时，我们教师就可以给同学们带来一些实物或者直接指出实物，而对于一些具体的动作，如"跑、跳"等，教师可以通过示范来表示。总之，对于一些比较简单的词语，用直观的方法进行教学不但可以加深学生对词汇的印象，同时也可以使学生正确及全面理解汉语词汇的含义。

（二）翻译法

由于母语和目的语存在着一定的差异，因此，对外汉语教师在词汇教学时，不能完全"等价"的进行翻译，如"如果、即使、是否、假如"都可用"if"来翻译，但是"如果、即使、是否、假如"这几个词内部仍存在着不同，因此，翻译法只能是对于那些母语与目的语对应较为明显的词语。对于这些词语，我们可通过母语翻译，一点就通。

（三）比较法

比较法就是通过对比的方法帮助学生加深对所学生词的理解，也就是利用同义词、反义词进行比较，在比较中发现差异。同义词类比：由于同义词是意义相同或相近的词语，因此，在学习生词时，可选择与之相近的词语来进行对比，以此来加深学生的理解与记忆。反义词类比：由于词义相反或相对，所以，在词语教学时引入反义词也可省力。将生词与它相对的反义词进行比较，便于加深学生对两个词语的理解。

三、词汇的教学原则

首先，对于词汇的教学，教师要按照由易到难，由简到繁的规律来进行教学。那么在教学中就要先选择那些学生熟悉的汉字进行词汇的学习。这样学生才会更容易接受。例如说，我们学习了"开"字，那么结合学过生词，我们便可组成"开门""开车""开灯"这样的词语，但是如果我们一开始就教学生"开价""开发"这样的词语，虽然认识生词，但是组合起来的意思却不易被学生理解。所以，我们遵循从简到繁的原则，不仅能扩大学生的词汇，还可以起到培养学生的兴趣的作用。

其次，词汇的教学还要与句子相结合，即在一定的语言环境中融入词汇的学习。在语言环境中正确使用词汇，才是词汇教学的最终目的。例如："小明去开门了"中的"开"是"使关闭着的东西不再关闭"，而在"墙上开了个窗口"中，"开"的意思则是"打通、开辟"。因此，即使是同一个生字组成的词语，我们也应该根据其不同的语言环境来判断其意义。

再次，由于对外汉语是作为第二语言来学习的，因此，不同的学习者会有不同的学习要求，教师对学习者的要求也是不同的。"说"要求的词汇量相对来说是最少的，对于一般的学习者，能够进行一定的交谈就可以了，因此只要进行核心的口语词汇教学就可以了，而"读"的词汇量要求是最大的，学习者由于个体差异，掌握的词汇量也是有一定差距的。因此，教师应保证学习者掌握了基本词汇之后，再让有能力的学习者在力所能及的情况下多掌握一些词汇。

最后，词汇的学习还应加强复习，以减少遗忘。由于汉语的词汇量很大，所以要不停地进行复习。根据艾宾浩斯的遗忘曲线，一般来说，学习过新词后及时进行复习便可加强记忆，同时，一个新词需要 6 至 8 次的重现，才可以初步的掌握。因此，在给学习者留下深刻的印象之后，一定要及时复习并要有目的、有计划地安排进行多种多样的复习，从而保证记忆的清晰。

四、词汇教学的方法和技巧

词汇教学在语言教学中有着重要的地位。很多时候，我们看到一个词，觉得没什么可讲或者不知道该怎么讲时，就会选择忽视、逃避，想着找一个与这个词相关的语法点来引申。其实，如果我们掌握了汉语词汇系统的特点和规律后，就能掌握词汇教学的方法和技巧。

（一）词语展示

词语展示环节之前需要导入。导入的方法有很多种。例如：实物、图片、照片、漫画、视频等直观的形式；与学生聊天、提问等逐步引导的方法；也可以直接解释意义，清晰明了。但在导入时要注意教师的最终目的是引出新词，而不是为了让学生做游戏、看视频、聊天，来活跃课堂气氛。因此，教师在设计导入环节时，要抓住重点，掌控住课堂，引导学生发现和运用所要学的新词，并对新词充满学习的热情和兴趣。例如，在讲"一定"这个词时，我向同学们展示了"定"字的甲骨文，从字形上让学生感受"定"的意义。词语展示环节需要借助卡片、PPT、黑板三种形式。教师在上课之前准备好生词卡片，每讲完一个词，就利用卡片让学生反复认读，巩固练习，加深影响。PPT 除了展示图片、放映视频外，还可以灵活地展现词语的搭配、组合和运用，不仅节约了老师的时间，也减少了一些不必要的语言描述。尤其是例句展示环节。相比 PPT，黑板就黯然失色不少。但在实际教学中，黑板仍然是重要的辅助性工具。教师的板书让学生多了一个观看教师书写动态的过程，清晰地展示了汉字的笔画、笔顺、部件，这对于初级学生非常重要。另外，教师要对黑板上的板书精心设计，要能清楚地体现出一节课的教学流程，便于学生回顾和复习。

（二）词语讲解

词语讲解需要技巧。目前比较重要的教学法是语素教学法、比较法。语素教学法。外国学生学习词语，习惯从词的整体出发，知道词的意思，但不知道词中每个汉字都有独立的意义。例如：外国学生学过"鸡蛋"这个词，但他们不明白"鸡"的意思。因此，在词汇教学中，我们不但要练习词语的意义和用法，而且要重视语素拆分和语素间的组合规律，通过语素讲解生词，能扩大与该语素相关的新词的范围。例如：在讲解"一定"时，我先让同学们理解"定"的意思，表示固定的，那么"一定"就表示固定不变的意思。这样，当学生再碰到有"定"字的词语时，基本义就可以认为是固定不变。有学者认为，在词汇教学中，要重视学生词汇网络的成型，加强学生词汇库存。语素教学就是帮助学生增加库存的好方法。语素教学有助于扩大词汇量，帮助学生举一反三；还有助于引导学生了解现代汉语构词规律，有助于学生记忆。比较法是通过同义词、近义词或反义词的对比和联系解释词义。在讲练词汇的过程中，可以有计划地给学生一些意义相反或相近的词语，也可以是旧词带新词。例如："长"和"短"是一组反义词，"矮"和"低"是一组近义词。在比较法中，一些同义词或反义词是已经学过的词。在前面的词语复现的基础上，引导学生对其意义有更深的了解。

（三）练习巩固

练习巩固环节是词汇教学中的重点和难点。词汇教学中，除了让学生了解词义，更重要的是学以致用。教师要事先准备好相关的例句，告诉学生新学习的词在具体语境该怎么用。设计例句时要考虑的因素有：首先要提供充足的语境。同时，列举的设计也应该考虑实用程度。教师可以以学生日常生活中可以接触到的口语和书面语中的句子为例句，这样会引起学生的兴趣，学习动力和积极性也会随之提高。还要注意词语控制。教师在给学生例句时要考虑到学生的汉语水平和掌握程度，进行适度的复现。在例句中，可以出现之前学过的词，这样即达到了学习新词的目的，也复习、巩固了学过的知识。练习题的设计。在教学中，讲完新词后就要练习。要做到随讲随练。汉语教材中的课后练习形式越来越丰富，更加注重灵活性、启发性和互动性。教师可以选择相应练习题，让学生进行练习，检验之前的学习成果。教师也可以根据自己的教学内容、教学难点、教学计划自行设计练习题。例如：练习"一定"的用法，可以设计成打乱顺序的句子组合题，考查学生是否掌握"一定"的用法和在句中的位置。

第三节　汉语语法教学

一、语法教什么

（一）汉语本体

在对外汉语语法教学过程中，要在短时间内掌握一门外语，以达到交际的目的，必须明确知道哪些语法是必须掌握的，哪些语法是基本的，学生掌握这些语法之后，会很大提高语言交际的水平。

（二）对比汉语和外语的语法特点的异同

在教学过程中，比较两者在语法上的不同点，其实能够激发学生的兴趣，也有助于理解汉语语法。例如，汉语中存在词序问题，分为主谓宾，这些问题实际上与英语语法相似。但是，在定语位置方面，英语有时会把定语放在中心语之后，以避免过于头重脚轻。其实，这并不难理解。它与古代汉语定语后置有一些共同之处，因此在理解上没有很大的冲突。总之，借助母语语法特征进行第二语言语法教学，能让学生更容易理解和掌握。

（三）针对学习者经常遇到的语法错误

对于学生在学习过程中经常犯的错误，老师应该重点讲解，学生应该准备一个纠错本，记录下经常遇到的学习问题，这样老师也可以根据这些问题重点讲解。教师需要仔细观察每个学生的行为，总结出他们经常犯的语言错误，然后在下节课时着重强调和讲解，这样学生才能取得更快、更大的进步。

二、语法怎么教

根据不同的学习水平，我们把学习对象分为三类：初级（一二年级）、中级（三四年级）、高级（五年级以上）。

（一）初级阶段应该将侧重于基础性语法教学

初级汉语学习者，具备一定的词汇量，教师可以适当增加一些语法知识。在这个阶段，鼓励学生大胆发音，大胆讲话，大胆表达自己的思想。教师不能过分强调语法，这会挫伤学生学习汉语的热情。同时，学生在表达自己的观点时，可能会或多或少地出现语法错误，这个时候，老师可以指出错误，并对语法进行适当的解释，这样可以激发学生的求知欲。同时，老师也可以在每一篇文章中添加一个重要的语法点，借助课文中的例句向学生讲解语法。最后引导学生将这些语法点连接起来，总结出一套语法知识，达到巩固基础的目的。

（二）中级阶段侧重语义语法讲解

在初级阶段，以语法教学为主，几乎不强调语义。对于一个语法正确的句子，可能在语义方面却无法说清楚，所以在中级阶段学习者的教学上，要把语义的讲解作为重点。初级水平主要是对句子语法形式的掌握，中级水平是对句子内部成分的语义组合是否合理地掌握。这对汉语学习者来说，显然是一个进步。也就是说，如果一个学习者想要说出一句没有语病的汉语，首先就先看句子的语法在结构上是否正确，其次就是检查每个部分在句子的搭配是否符合汉语说话的习惯和逻辑。

（三）高级阶段侧重语用功能语法讲解

功能语法是使语言的句子结构依赖于语境，而不是仅仅分析脱离语境的单个句子。依托一定的语境主要是为了使我们的汉语句子更加贴切。语境是非常重要的，每句话在不同的说话场景下可能表达完全不同的意思。因此，高级学习者应该对汉语语法有深入的了解，有更高的学习水平。也有一些句子无法用形式和语义讲通，却可以通过高级阶段的语用知识讲解，并达到豁然开朗的效果。

三、语法教学中存在的问题

对外汉语语法教学的研究成果非常丰富，可是也存在着很多不足。

首先，在对外汉语语法教学的认定上有很多不同的意见，主要是由于各位学者对对外汉语语法教学认识上的差异以及研究的角度不同。

其次，对于对外汉语语法教学的研究探讨大都角度单一、片面，大多是对一些较有一致性结论的，或者比较典型的语法进行讨论，比如句型的研究方面，很多都是研究"被"字句，"把"字句等比较典型的句型，缺少更多句型的研究，研究视点太过于局限。

再次，语法教学的本体研究理论已非常丰富，但在对外汉语语法教学方面还是相对比较少的，虽然近年来受"汉语热"的影响，很多学者越来越关注对外汉语语法教学上，但受现实的局限，要想对对外汉语语法教学有所研究，那就必须去实践，加以体验，才能从根本上来进行探索，尽管从事对外汉语教学的人为数不少，但真正进行研究的却没有那么多，很多都在慢慢地摸索中，成熟的、系统的对外汉语语法教学不能一蹴而就，还需要大量的实践加探索。

最后，对外两字就决定了是除了中国之外的世界其他国家学习汉语的，在对外汉语语法教学上，不能把其他国家都看成一个整体的对外研究，而需要根据各国的不同情况来进行教学、研究，早期的学者大多把对外当成一个整体，虽然后来的学者慢慢细化，逐渐关注各国之间的差异来研究对外汉语语法教学，但在这方面的研究还是不够，需要更多更细化的研究才能更好地指导对外汉语语法教学。

第四节　跨文化交际与文化教学

一、跨文化交际的渊源

跨文化交际指的是来自不同文化背景的人们之间进行的一系列交际活动。跨文化交际学自 20 世纪 60 年代初始，70 年代才正式成为众多学者重点关注和研究的对象。作为一门新兴学科，跨文化交际具有很强的交叉性，不同学科的学者用本学科理论来解释跨文化现象的过程和结果，跨文化交际就在这样不断地解释说明中逐渐衍生了。对跨文化交际影响最大的学科有：人类学、心理学、语言学、社会学和传播学。

（一）文化人类学

文化人类学研究的是人类思维和巧为的文化。祖晓梅的《跨文化交际》中将文化人类学对跨文化交际的贡献归因于三个方面，即文化的定义、文化与语言的关系以及文化相对主义的态度，她也认为人类学为跨文化交际的研究提供了广阔发展的土壤，将文化看作一种人类的生活方式，并且指出文化具有相对差异性，但没有高低贵贱之分。

人类学知识对于每一位研究跨文化交际的学者而言，都是十分重要的。想要对于跨文化有更加深入的理解，了解和熟悉人类学相关知识是不可或缺的，只有了解并充分掌握跨文化交际与人类学之间的渊源，在其中搭建起桥梁，才能真正地在跨文化交际中有所建树，才能深入挖掘其中的真谛。

（二）跨文化心理学

跨文化心理学顾名思义就是人们在跨文化交际的行为中产生的心理，它影响着人们的行为和言语，对跨文化交际的成功与否至关重要。作为文化学的一个分支学科，跨文化心理学首先从分析跨文化交际中的人出发，以交际者文化差异为准，发现各自的价值观、交际行为的不同，产生不一样的心理反应进而深入细致地研究分析，找出能够完成交际的有效途径。许多跨文化交际研究学者来自心理学领域，他们将跨文化交际中的跨文化心理学大致分为两个部分，一方面是主观文化，它主要研究交际双方的价值观、处事态度、信仰以及交际行为规范。另一方面是研究文化适应性，这是跨文化交际中重点研究的问题，一直从事文化适应问题研究的加拿大心理学教授——约翰·白瑞结合心理学的知识，深入解析了文化适应的概念、过程、策略和后果，这为后续学者进一步发现和研究跨文化交际提供了理论基础。

（三）语言学与语用学

语言学与跨文化交际之间也有着密切的联系。语言是人类最重要的交际工具，语言学家利用收集的语言材料说明跨文化交际中的问题，语言学家认为，与跨文化交际有密切关系的当属语用学，语用学专业研究的是语言的使用规则其中还涉及了不同的文化。语境是语言学家在研究各方面对语言的影响中重点探讨的一点。语用方面，主要研究的是语言使用的社会规则，换言之就是，人类如何使用语言，在什么情况下出于什么目的而使用某种语言。语用学更加注重语言对人类行为的影响，并直接对语言的社会文化以及语言的社会建构给予理论支撑。一些语用学家将语用学理论用于跨文化交际中，因而产生了关于礼貌语言的相关研究并在对外汉语教学中加以实践。

（四）民族社会学

社会学的理论知识为许多学者的跨文化研究提供了一种新视角，他们结合当今中国的现状，运用社会学相关理论来研究和挖掘跨文化交际内容。现在跨文化交际中所讲的社会环境下的角色关系、人际关系都源于社会学范畴，社会学认为凡是交际中的人都会有一定的社会身份，它决定了交际的重要情境因素。并且在跨文化交际中，常涉及民族社会学，因交际双方的背景不同，有很多情况会以各自的社会背景为基础，这就将跨文化交际上升到了民族的程度。中国幅员辽阔，在发展过程中总会面临不同民族不同地域文化的冲突，如何化解冲突，处理好民族文化，改变刻板印象与偏见，这是跨文化交际学必须关注的问题。

（五）传播学

有学者认为，跨文化交际是传播学的一个分支学科，作为专属的研究领域，主要研究的是不同文化的人和群体之间存在的文化上的差异造成的交际障碍，传播学的主要理论可以用于跨文化交际，为其提供指导和借鉴。跨文化交际的建立主要靠的是传播学者的努力，他们利用传播学的理论知识对跨文化交际进行研究，提出符合跨文化交际的理论和方法，并且他们所编写的刊物和举办的会议，都推动着跨文化交际的发展，这是传播学对于跨文化交际理论框架建构的影响。另外，传播学较其他学科对跨文化交际的理论影响地更为深刻地方在于，它关注的是跨文化交际过程，不同身份的人在交际过程中的一面，包括语言与非语言交际的研究和运用。

除以上的学科共同开拓跨文化交际这个学科外，哲学、国际关系学，甚至军事学、生物学等都对跨文化交际产生了重要的影响，其中的很多理论知识都成为跨文化交际进步和发展的理论基础。

二、语言与文化

（一）关于语言

语言是社会的产物，是生活在社会的人类世代传承下来的符号系统。语言是个既普通又特殊的现象，普通之处在于人类每天都在使用语言，特殊之处在于，它与其他任何一种社会现象都不完全相同，它的产生和发展，与思维、社会等一些因素到底有什么关系，它的哪些规则具有适用性，哪些又该淘汰，人类应该怎么使用语言，这些都是难以解决的问题。有了语言，人类才能传递和接收信息，共同生活、生产，语言成了社会的一个不可或缺的因素，并且语言在人类生活中也发挥着越来越重要的作用。语言与社会生活、文化教学之间有着千丝万缕的联系，语言是交流的工具，对外汉语教学中语言教学指的是以交际为目的，即利用特定的语言形式和手段完成交际目的和表达的需要。

（二）关于文化

研究跨文化交际，追根溯源应该从文化开始谈起。"文化"这个词在很早就有所提及，许慎的《说文解字》中对"文"是这么定义的："文，错画也，象交文。"最初指的是文字、文章之意。后来又将"文"的含义中加入了礼乐制度、法律条文的解释意。"化"多将其理解为"教化"。刘向的《说苑·指武》

提及"凡武之兴，为不服也，文化不改，然后加诛"。这里将文和化合为一词，意思与武功相对，这就是文治与武治的治国之道了。直至清代的顾炎武将文化概念进一步扩大，他的《日知录》："自身而至于家国天下，制之为读书，发至为音容，莫非文也。"意思大概是说从个人的言行举止到天下大事都应该是文化的范畴。文化一词后来被日语借出作为英语 culture 的对译词使用，再后来现代汉语对文化又有了吸收，才使汉语中的文化与英语的 culture 真正产生了联系，在文化的基本义的基础上又派生出"文明、教育"的意义。现代汉语之中，对于"文化"有了一个明确的概念，它可以分为广义和狭义。从广义上讲，文化包括精神层面和物质层面，它是人类在历史发展过程中所获得的物质财富和精神财富的总和。狭义的文化集中在精神层面，是指社会的意识形态、风俗习惯、语用规范以及相应的社会制度和社会组织。

近现代的文化作为一种社会现象，是通过人类交流沟通和一系列的社会活动产生的，文化作为一个复杂的系统，学术界对它的解释在原有的基础上根据自己的学科特色对文化进行了进一步的解释和说明，"文化"在对外汉语教学领域尤为重要，它既影响文化教学内容的选定，又影响着对外汉语教材的编写和选定。

（三）语言与文化的关涉性

礼仪习俗的规范和交际规则因文化而异。在跨文化交际中，这种文化差异会导致文化误解和文化冲突，而文化误解和文化冲突的表现一般都是因为语言的产生并进一步恶化，文化和语言的关涉性，要求对外汉语教学必须把对语言教学作为第一重任。语言教学的根本任务是把语言教好，而不是教哲学、文学、历史或其他任何学科。语言教学不可避免地涉及一定的文化内容，也必须涉及一定的文化内容，必须包括一定的文化因素的教学，但文化因素的教学必须为语言教学服务。

文化是语言赖以生存的根基，语言是文化的载体。人类产生伊始，最先创造的就是文化，文化是群体生活的依据。从原始社会的结绳文化到当今社会的社会文化，这些包括群体、地域、性别等文化都渗透着当时的世界观、人生观与价值观，它们都是人类弥足珍贵的宝藏。记录着这些文化的语言随着人类的不断发展应运而生，人类语言是一种有声语言，用声音形式来表示意义，人类通过"听"这个具体途径来感知和理解话语。语言作为文化的一个重要部分，记录了人类文化，文化的保存和传承都要依靠语言来完成，它们之间是相互影响、相辅相成的。

文化是连接语言和世界的中介物，世界上的语言有几千种之多，这些语言都有着各自的特色，但也有相通之处。语言用于交际之中就衍生出了交际文化用语，对于交际文化用语，人们都遵循着约定俗成的规范，注意用礼貌用语调剂人际关系，这就是世界文化的共性。礼貌用语在研究文化与语言关涉性中至关重要，因为文化的不同，人们的交际行为和礼俗规范也有很多的不同之处。汉语的礼貌用语常被外国人的误解，误解严重的话还会产生文化冲突，而导致交际失败。

在对外汉语不断发展的时代背景下，跨文化交际应运而生。在跨文化交际的过程中不仅有因为文化差异而造成的交际障碍，而且文化之间也会互相影响彼此交融。所以在跨文化交际中要积极培养自己以"情感—认知—行为"为模式的跨文化交际能力，才能收获到更好的跨文化交际效果。

三、跨文化交际与文化教学的联系

中国文化和汉语热的再度升温，对外汉语教学事业发展迅速，逐渐得到国内各界 的重视。对于国内汉语课堂的留学生来说，如何让他们更好地学习汉语、了解中国就成了进一步需要解决的任务。为了更好地实现培养学生运用汉语进行交际的能力这一目的，我们需要关注并在对外汉语课堂上引入跨文化交际。

（一）跨文化交际的内涵

现实的课堂上我们会按部就班的教授学生生字词、课文、语言点等，然后带领学生做练习、巩固复习和讲授新课。这一系列步骤下来这一堂课的任务就结束了，学生除此之外并没有掌握其他更多的尤其是跨文化交际的知识。这也是一部分学生学了几年汉语之后不能用所学知识所学语言很好地和中国人交流的原因之一。据刘珣《对外汉语教育学引论》中所描述的，我们来探讨以下几点。

1. 文化的差异与交际障碍

由于交际双方的文化背景不尽相同，在交往时就会产生语言理解和运用的偏误，形成交际障碍。这是说文化差异影响语言交际。

2. 交际原则与价值观念

人与人交流，想要顺利进行下去，就要遵循一定的交际规则。就比如我们之前学过的格莱斯的合作原则和利奇的礼貌原则。但是实际的不同文化背景的交流是存在差异的。尤其像东西方文化的鸿沟，这样一来交往又受到不同价值观的制约了。不同文化有不同的交际原则与相应地价值观念，这是不可否认的事实。我们的工作就是交际双方互相理解、接受对方的特点，并顺利达成交际。

3. 母语文化的思维定式和对异文化的成见

我们出生以后，所接受的文化都受到传统的熏陶，在我们这里已经作为优先选择，并固执地成为思维方式中的主要部分，而且很容易产生母文化的思维定式和对于母文化的优越感。由于自我长期处于这一文化下，所以会理所当然地认为别人也应当接受或是理解这一标准。这种定势或偏见就会影响双方的交际。这种特点是影响人与人交往的巨大阻碍，如果不主动打破这种僵局，培养语言认同感，就无法进行成功的交际。

4. 交际过程中的相互接近和求同趋势

这一特点也启示我们在交际时考虑到对方的文化特点，为了达成交际而主动向异文化靠拢的现象。典型的例子就是如果中国人听到外国人说中国话，会想方设法地补充猜测他的意思或者将自己的表达使对方更容易理解。这一现象是有助于语言交际的，我们应该将这一优势保持下去，并利用这一心理给表达者多一些机会表达。

5. 交际的结果：文化的相互影响

无论是社会还是个人，在平等的基础上交流不可避免地会受到对方的影响，从而达成一致、共同发展。这也是交际双方希望看到的结果。

（二）跨文化交际与课堂教学相融合

说到融合，首先想到的就是将二者有理有序的联系起来。并不是将不同性质毫无关系的两个事物硬绑到一起，而是将本来就有内在联系的而且又相互影响的两个加以应用。课堂教学应该融入跨文化交际的相关知识，为了更好地辅助学生运用汉语进行交际。

1. 从语言点讲解切入

在讲解具体的语言点时，我们要讲出它在什么样的情况下用。比如：讲"是……的"句时，告诉学生它多表示强调，中间可以是时间、地点、对象等这一基本格式之后，还应该创设语境或者现场示范，领学生进入到比较真实的交际环境中来使用这一句式。同时告诉学生中国人一般就是在这种场合中使用这一句式。

2. 从交际练习切入

在带领学生做相应的交际训练时，如果发现学生的使用错误，不仅要从语言结构上纠错，还要从学生的使用环境中纠正学生的偏误。运用身体反应或是其他方法让学生感知这么用不符合中国人的文化习惯。久而久之学生就从联系中感悟到中国人交际的特点了。

3. 从导入切入

导入环节是对外汉语课堂中课堂教学的重要一项。如何利用好导入，在每堂课的导入中就渗透一些中国化的东西，或者可以根据学生的汉语水平设计一个小幽默，但有风险。如果学生似懂非懂，或是有的学生笑了而有的没有，就可以让笑了的同学起来和大家解释一下，之后老师再根据其内容做适当补充说明。

4. 设立专有课程

为留学生单独开一门跨文化交际的课程，形式可以多种多样。可以不单单使用一种方法进行授课。比如教师课上播放视频案例供学生观看，之后教师讲解，课后布置任务让学生课下实践并反馈。教师可以分析所在问题在下节课开始是进行解释。另外也可以布置任务给学生，让他们做社会调查，这样鼓励他们去交际，能增加有效的、真实的训练。

跨文化交际在对外汉语课堂中可以并且应该占据重要的位置，我们提倡教学　中引入跨文化交际的内容，也希望能够帮助学习者在学习基础知识和基本技能的基础上，逐步学会真正地与中国人交流，更好地理解中国文化，真正做到学以致用。

第四章　跨文化视角下对外汉语语言技能教学

语音教学是第二语言教学的基础，是培养学生听说读写技能和交际能力的前提。本章分为汉语综合技能教学、汉语听力技能教学、汉语口语技能教学、汉语阅读技能教学、汉语写作技能教学五部分。主要内容包括：汉语综合技能训练的原则、汉语综合技能训练的环节、影响听力的内外因素、汉语听力课教学原则、提高听力课堂教学有效性的策略等方面。

第一节　汉语综合技能教学

一、汉语综合技能教学的原则

汉语综合技能主要指汉语听说读写单项技能的融会贯通，汉语综合技能训练也就是将听说读写各项技能融为一体的汉语综合能力训练。

关于留学生在汉语综合课上的技能训练，其综合性特点可以从下面几点中看出来。

（一）汉语言知识

语言知识是任何一种语言的教学中都脱离不开的基础部分，这是学生学习一种全新语言的前提，也是贯穿整个语言使用过程中的重要组成部分。对于汉语来说，语音、语法、汉字和词汇这四项组成部分构成了汉语语言的基本内容。在对外汉语教学中，综合课的教学需要合理安排这四项组成部分的顺序与比重，根据教学侧重点的不同进行相应的变化。例如在零基础到初级的阶段，学生更需要在语音和汉字书写方面增加内容，到了中级以上则需要转变到词汇和语法方面。

（二）语言技能

对语言的掌握不能仅仅限制在学的范畴内，语言的根本目的是使用，学生只有通过对听、说、读、写等多个方面的综合训练才能最终达到应用自如的目的。既然是综合训练，就不能对每个单项技能孤立训练，而需要将两种或两种以上不同的技能糅合在一起共同操作。较为常见的做法是将听、说、读、写分为两大块，即"听—说"和"读—写"，这是从声音与文字的角度进行划分的，也是目前学术界最易被接受的语言技能训练划分模块。但其实还可以从输入与输出的角度进行划分，教学效果同样很好即将其分为"听—读"和"说—写"两大部分，"听—读"全为输入，而"说—写"全为输出，这样的划分模式也能清楚地让学生知道自己操练的内容是什么，能加强其点对点的训练。

（三）课堂教学任务

课堂教学任务一般指教师对于整个课堂的控制能力和控制方法。通常我们认为，课堂教学任务包括教师在课堂中的认知领域和技能领域以及对学生的情感领域和学习策略这两大块四个方面。课堂中，教师需要对语言基础知识和语言教学技巧有一个整体的认知，细化技能与规则，将整个课堂统筹起来。同时要兼顾教学受众群体，在教的同时要考虑学生学的情况，要做到教到且学会。学生的情绪也是课堂教学中的一个重要因素，教师需要以情还情，让学生从心里感受到教师对自己的帮助，愿意与教师同努力。

（四）教学方法

教学方法在当今的课堂中日趋多元化，越来越丰富的教学方法被教师们接受并使用，先进的教辅工具，从国外引进的独特的教学理念，更加精专的教材和练习册，都丰富着我们的课堂。但这些都是外在条件，关键因素还在使用它们的人身上，教师才是将它们的功能发挥到极致的关键点。教师只有按照自己对知识点的理解和课程的设计，将这些外部条件完美地融合进教学当中，才能更好地配合自身的教学思路，促进课堂教学。

随着对于语言研究的深入，人们逐渐认识到，语言能力是一个完整的结构，其中包括语言知识掌握程度、文化认知能力、社会交际技巧。只有将多方面的语言能力融合到一起，才是完整的语言沟通能力。语言教学课堂强调对语言能力综合训练是二语习得理论对其的要求，也是教育学中达到语言教学目的的有效途径。

二、汉语综合技能教学的环节

课堂就是教师实施教学的场所，教师可以在这里完成课程的讲授，对学生进行语言能力的各类操练，也可以通过考试的形式来检验学生的学习成果。在语言教学范畴下的课堂教学需要遵循语言教学大纲的指导，以语言操练为主，教师讲授为辅，将训练学生综合运用语言的能力设为最终目标去完成教学活动，这才能真正收到高质量的教学效果。

一个教学单位可以划分为若干教学环节。环节是为实现教学单位的教学目的所设计的过程，一般说来，它是依据对教材中"一课书"的语言项目（即生词、课文、语法解释、练习等）的处理顺序划分的。

第二节　汉语听力技能教学

一、影响听力的内外因素

（一）外部环境

1. 文化环境

因为文化背景的不同，课堂教学时也就遇到多种多样的问题，直接的影响就是思维方式和听力习惯，这对教师和学生来说都是一个挑战。其次的问题来自世界观、价值观、审美标准和价值取向等的差异，学习语言更要学习文化，教授语言不仅要传播文化，还要以包容的心态理解、尊重其他文化。在初级听力课堂上的听说读写直接与文化习惯挂钩，因此，在上课之前，教师应该做好功课，了解不同文化背景下学生的风俗习惯，避开各种文化禁忌，多关注双方的文化共通点，努力营造一个平等和谐的多元文化环境，既尊重他人，更要尊重自己。

2. 课堂环境

具体的课堂环境包括两方面的内容，一是音质环境，二是课堂语言环境。如今的听力课堂离不开多媒体设备，各种语音材料的效果和教室设备的品质对听力理解有很大的影响。特别是录音材料的音质和现实环境中的听力效果有着很大的不同。录音材料是正规标准的汉语发音，在节奏、读音、轻重音等方面都有着严格的要求，录音者必须咬字、发音清楚，语速适宜，要适合汉语学习者学习的实际情况。而在真实的语言环境里，则有方言浓厚、发音不清晰、模糊音多等许多问题，这容易给初学者较大的心理负担，挫伤他们的学习积极性，所以在听力教学活动中，应该与现实的语言环境相联系，加强现实化的模拟联系，让学生的听力学习更有实用性。其次，课堂上教师和学生、学生和学生之间的教学用语也对听力学习有很大的影响。对学生听力能力的养成来说，一个全汉语的课堂环境比起全母语的课堂环境肯定更为有利。然而，由于学生基础有限，初级听力课堂一般会较少使用汉语，多用学生母语或者中介语来便于学生理解，提高教学效率。

3．目标要求

对学生听力学习的目标要求也影响到听力课的教学效果。教学目的不同，具体的要求就不同。这些要求有时在于对听力内容的整体语境和意义的把握，有时只要求对关键字词甚至语句的捕捉。对于学习程度不同的学生，听力教学的目标也不尽相同。一般来说，初级听力教学只要求拥有简单对话的听说能力，中级听力教学要求更高难度的词汇和语法实力，高级听力教学则要求有学术性的或者更加生活化的听力能力。例如在 HSK 等级考试中，听力方面的题型就反映出听力教学的不同目标。在教学实践中，教师应该因时制宜，在不同教学阶段，对待不同基础的学生，把握不同的教学重点，这样才能节省课堂时间，提高教学效率。

4．难易程度

听力内容的选取对听力学习的影响至关重要。听力材料如果难度过高，包含过多的生词和有难度的语句，会影响学生的学习效果。尤其是对于初学者来说，一旦伤害到其学习的积极性和自信心，则会影响其整个对外汉语学习的效果。相反，如果听力材料过于简单，也不利于学生进一步学习汉语，容易削弱学生的课堂参与度甚至其学习汉语的热情。所以，听力内容难易程度的掌握，需要教师及时把握、适时调整。一般情况下应该选择难易程度适中的、与学生的日常生活或者理解范围有关的内容。对于初学者而言，听力内容主要取自初级交际会话，一方面便于学生理解，对于在中国的学习者来说，还能帮助其应对基本的生活问题；另一方面，这些与基本生活有关的日常对话更能培养其汉语语境与语感，有利于汉语学习。

（二）内部因素

1．学习动机

一般认为，学习动机不强会削弱学习的兴趣，降低学习的效率，然而学习动机过强也会影响到学习效率，不利于学习成果的保持，也会影响到学习的持续性和长久性。此外，学习内容的难度和学习动机及学习效率有紧密的联系。

2．认知风格

认知风格是心理学中的一个概念，它指人们感知和认知世界的方式。个体的认知风格主要是指场依存性和场独立性。场依存性比较易于感知事物的整体，而场独立性强调从整体中感知个体。在学习吸收时，场依存性偏重于形象思维，要求教师组织结构严密的教学，提供条理清晰的讲授提纲，进行系统而明确的讲解；场独立性逻辑倾向较突出，学习上不是很关注教学结构的完整性，自己能够独立地对教学材料进行整理和结构化。反映到语言学习中时，学习者对客观事物较感兴趣。很难说哪一种感知方式更好，这要视具体的学习任务而定。认知风格不代表个人的性格和能力，通过对认知风格的观察我们能了解到学生的学习风格、学习方法、学习兴趣和学习成绩。不同的学习者个体会有不同的认知风格，而他们特有的认知风格会影响到他们学习的过程和结果。每个人的认知风格往往是固定的，但可以通过培训，帮助学习者发展其风格偏好。教师了解学生的认知风格，学生了解自己的认知风格，都有利于在具体的教与学过程中找到彼此最适合的方式，实现教学效率最大化。

二、汉语听力课教学的原则

（一）综合性原则

针对初学者的听力教学，由于受到一定语言基础的限制，因此对于学生初级听力能力的培养，是离不开语言综合能力的培养的。把听、说、读、写都结合在一起，从语音、汉字等各个基础方面开始教学，是初级汉语听力课最为显著的一个特点。教师在听力课堂伊始，并不明显区分读写、听说、汉字等课程，在这一时期的任何一门课程，其实都是"综合课"。在学生有了拼音、汉字等方面的一些基础以后，正式的听力教学才算开始。这也是深入教学一线发现的一个问题。一般在两周到一个月的综合学习以后，初级汉语的各门课程都会走向正轨，此时，教师就可以有针对性地开始一些初级的听力训练。事实上，在听力教学的任何一个阶段，无论是初级的伊始阶段，还是后来的中级甚至高级阶段，听说读写在教学实践的综合性，一直是教师需要注意的一个重要问题，教师和学生都不应该放弃其他汉语能力的培养方式，只关注听力教学。对外汉语教学中各项能力的培养，从来不是分离开的，而是你中有我，我中有你，离开了其他方面的课程教学，是不能被称为完整的课堂的。

（二）实践性原则

任何一门语言课，都离不开教师的躬身实践。这里的实践，主要包括了精讲多练、听说结合、突出重点和严格筛选等方面。实践性是需要教师和学生都积极参与进来的活动性。语言学习重在多听多练，教师有必要对学生，尤其是对初学者多讲多说明，同时结合听和说，鼓励学生多做练习，培养其开口说汉语的积极性和自信心。另外，在教材特别是听力材料的筛选上，要注意难度、语速、内容的适宜性，为学生的听力学习创造良好的环境。最后，在具体的课堂练习中，要注意把握练习的重点，听力内容的量严格控制，在适宜的环境下实现教学效率的最大化。

（三）文化性原则

学习语言就是学习文化，学习语言更是为了学习文化。特别是对于初次接触汉语的学生来说，为他们传播中华文化也是教学的一个主要目的所在。同时，对于中国文化的兴趣和热爱更能激发学生学习汉语的热情。教师在教学过程中，不应只顾教材，根据教材照本宣科，更应该把文化输出和教学实际结合起来，在遵从教材的前提下，尽量为学生们普及更多的中华文化知识。让学生在学习汉语的同时了解甚至爱上中国文化，才应该是我们更主要的目的所在。与此同时，由于地区文化习俗的差异，不同地区的汉语教学都应结合当地的语言文化色彩，把教学和文化融合在一起，如结合当地的俗语、惯用语等，让学生更好地学习汉语、了解中国文化。最重要的一点是一定要尊重学生的文化习惯和风俗，尤其是对于刚到中国的留学生而言，一定要照顾到他们的文化习惯，尊重他们的文化风俗，尽可能消除因为文化碰撞而带来的敏感和不安，和学生建立良好的关系，这对于提高教学质量和效率有至关重要的作用。

三、提高听力课堂教学有效性的策略

（一）教师方面

1. 对听力课的定位

每一个对外汉语教师都持有这样一个概念——对外汉语教学需要培养的是学习者的综合能力，要全面发展和提高学习者汉语听、说、读、写的能力。所以我国对外汉语教学事业在 20 世纪 70 年代末、80 年代初得到了蓬勃发展，有了突破性的进展，80 年代对外汉语教学的改革是全方位、综合性的改革，第一次提出了"综合课打头，按技能设课"的教学模式。既然以"综合课打头，按技能设课"为主要的教学模式，那么我们就要分析听、说、读、写四者在对外汉语教学过程中的关系。由于我们知道技能课是以培养学生具体的交际能力为主，所以要求我们要以最能影响人们交际行为的技能为主要矛盾进行学习和训练，而经过上文的分析，我们了解到在听、说、读、写中，听觉能力是人们在日常生活交际中最基本、最重要的能力。因此，我们在对外汉语教学中，口语课、阅读课、写作课时，都要适量的进行听力训练。当然，听力课上要以训练学习者的听力微技能为主，而这是在其他技能课上无法满足和代替的。教师应在课堂上大量的播放听力素材，给学习者提供大量的可懂输入，只有做至听懂，才能做出回答，所以要加大学习者听的能力和提高听的水平，适当先降低对说的要求，这样才是顺应交际原则、提高学习者听力水平的最佳教学模式。所以教师应重视听力课在对外汉语教学中的重要地位。

2. 自身素质的培养

（1）教师的知识储备

对外汉语听力教师的知识储备中，应包含汉语从语音、词汇到语法等各方面的知识要点；针对汉语听力课型的教学来说，最重要的是教授学习者听辨语音、听辨意义、提取重要信息的技能，因而听力教师的知识储备应以满足学生需求为主，着重以上几个方面的积累和研究。

①语音知识。语音阶段的教学任务是通过训练，使学生准确地感知声、韵、调，确定他们的正确读音，了解汉语语音的拼合规律，从而进一步听辨出发音相近的词汇，并有能力使将这些知识储存于学习者的记忆中，并加强记忆。这就要求教师应做到以下几点：首先，教师应当能够准确识别声母、韵母、声调，以及变音规律和汉语语音的拼合规律等；其次，教师能够用简单、形象，甚至

夸张的方法带领学生掌握声、韵、调等语音知识，能够充分的训练学习者分辨近似音，并保证学习者能够掌握听辨的能力；最后，教师应当掌握在正常的语流中指导学习者分辨目的音或目的词汇的方法。

②词义、句义的辨别。词义和句义辨别的部分要求学习者在听到"音"后，能快速分辨和理解所听到内容的意义，并做出与音频素材相适应的反应。教师在词汇方面应当储备大量的音近词和近义词，能够适时地将这些词语应用在每节课堂中，帮助学习者扩大词汇，尤其是生活词汇，加强学习者的可懂输入。同时要坚持"KISS（KEEP IT SIMPLE & STUPID）"教学法，在讲解生词时尽可能从简从易；在句义方面，教师应特别留意积累学生易理解错或易混淆的特殊句型，以及包含有汉语思维和文化含义的句子。

③提取与分析信息的能力。提取与分析信息部分，更多要求的是对学习者汉语思维能力的培养，这是听力训练的重点也是难点。听力训练的形式相较于口语、阅读和写作来说更为特别，它是根据音频材料的提示，在瞬时记忆的情况下，为缺失部分填入适当的成分，或者根据音频材料所表达的内容选择正确的一项。因此，听力训练的特殊性决定了教师应提高自身对已有信息的提取、分析已有信息的能力，通过提取与分析所得出的线索推断或预测听力素材将要或可能出现怎样的话题，以帮助听力测试能够更准确地进行。

（2）对教学内容的准备和处理

①对教材的理解。教材是教学的基础，是教学内容的重要载体。听力教师需要慎重选择自己将使用的教材，最好选择与教师自己的教学理念相符合的教材，教师只有热爱自己的教材，才能将教材的好发光发热。当然，现在很多学校在挑选教材时都是由学校或学院的领导决定的，不能由听力教师自行挑选使用符合自己教学理念的教材，这个时候就要求教师在拿到听力教材时，还是应去熟悉这本教材编者的编写理念，要让自己完全了解这本教材的侧重点和难点。一本教材只有经过教师的发掘和利用才能发挥其作用，同时教师只有充分理解教材，才能客观而全面的弥补教材的缺陷。在教学初期，教师应当制定宏观的教学任务，落实训练目标，从而确定每个阶段的教学侧重，有计划、有顺序地完成教学任务。

②对教学内容的处理。如果听力教材不符合教师自己的教学理念，教师也不能在学生面前批评、抱怨教材的不足；因为每本教材的编者在编写教材时都不是凭空想象的，它都是经过一定的理论根据和实践考察而研究和编写的，所以教师应做到熟悉教材编写理念，充分发扬教材长处，并在课堂教学中不动声

色的弥补其不足的部分。教师在了解教材编写理念之后，应通读整本教材，包括聆听音频素材，归纳总结教材中每个部分之间的关系，做到心中有数。教师要对每节课所要教学的生词、句型、对话等非常熟悉，才能将这些知识在课堂上更好、更高效率的传授给学习者。

（3）教学技能

教师的教学技能有很多种，这里只论述相较于其他课型，在听力课上较为特殊，也是最为关键的两种技能。

①展示做题的技巧。听力课堂上，大量的聆听练习占据课堂教学中较大比重，同时听力的考察作为 HSK 考试的重要组成部分，使得听力的做题技巧成为学习者学习的主要需求。因此教师对做题技巧的研究和积累也格外重要，在课堂上不能单纯地为了做题而做题，而要向学习者展示做题技巧，培养学习者独立思考和做题的能力。例如教师应培养学习者听力练习时边听边记的能力，由于音频素材中语音信息的展示时间都是十分短促的，学习者很难在短时间内完全将信息记在脑中，很多学习者表示在做听力训练时，听了下句就忘上句，尤其是篇幅较长的听力素材，在听完整段的录音后，发现留在大脑中有用的信息少之又少。那么，教师在听力课堂上应培养学生边听边记的能力就显得非常重要了。当然，学习者在进行听力测试时，听些什么、需要记些什么是非常关键的，记了一堆无关紧要的信息对听力练习是不起任何作用的。因此，教师应培养学习者在进行听力练习时边听边记的习惯，当然掌握边听边记的方法很重要。

②教学方法的创新与改良。随着对外汉语教学相关研究的增多，越来越多的教学方法和教学理念也被一再革新，作为一名对外汉语教师，需要不断更新教学方法，汲取新的养分。针对听力课堂教学，教师在使用相关研究成果时，要结合学习者及听力课堂的特点，有所筛选和改良，保持教学方法的创新性，带给课堂持久的活力和新鲜感。

（4）个人素质与魅力

①听力教师的基本素质。教师是课堂的引导者，教师的素质将影响课堂品质的优劣。个人素质方面，教师应当注意在课堂上的一言一行，教学仪态等方面。尤其在听力课堂上，教师更应当保证汉语发音时的字正腔圆，语句表达时应通畅明晰，以及指令语要简洁清楚。

②师生关系。教师的个人魅力表现在课堂上就是良好的师生关系，在听力课上教师说话时的语音和语速是学习者接触汉语听力的初始语音，也是学习者练习听力的标准。因此，在听力教学的过程中，教师应尽量融入学习者的学习

环境和生活环境中，培养师生之间的默契和情感，和谐融洽的师生关系能有效地促进听力课堂的顺利进行，进而完成每节课的教学目标。

（二）学习者方面

根据前人对元认知策略对提高听力教学效度的研究成果，学习者在进行汉语听力学习的过程中应当从教师那里获得关于元认知策略的知识，以及掌握使用元认知策略帮助自己提高汉语听力水平的能力。元认知策略包括计划策略（PLANNING）、监视策略（MONITORING）以及调节策略（CHECKING）三种策略。那么，学习者应如何掌握此策略呢？教师对学习者进行策略的传授又要怎样做呢？

1.GUIDE（引导）

首先教师要做到对学习者的听力水平了如指掌，可以观察学习者平时用汉语对话时反映的速度、回应的准确度，以及平时听力测验中产生的失误中发现学习者在听力学习中的弱点；其次，在听力测试进行前，教师应为学习者对将要进行的听力内容的主题进行适当的讲解，并告诉他们接下来要完成的几项任务，为学习者提供充分的心理准备，降低学习者对听力测试的恐惧心理。最后，以教师为引导、学习者为主角，制定出适合学习者的学习方案，确定学习者在短期或长期内要达到一个怎样的水平，这样学习者有了明确的学习目标，就会朝这个方向而努力，而当目标实现时所产生的巨大成就感，更会加强学习者继续进行听力学习的信心，这样学习者就会为自己制定更高的目标并努力完成。由此，一个良性循环便促使学习者不断地提高汉语听力能力。

2.FOLLOW UP（跟进）

学习者在听力训练的过程中要培养和掌握对听力素材边听边记的能力，这样能有效地完善学习者听力训练过程中瞬时记忆缺陷。当然，学习者同时也要培养在每次听力学习中、听力训练时、听力测试后进行效果跟进的习惯，也就是我们所说的监控策略。提高汉语听力能力，学习者应明确自己的行为，要时刻对自己的行为进行适当的调节和管理。尤其是在听力练习的过程中，要清楚自己在干什么、听什么，要努力保证自己的注意力是集中在听力训练当中的。学习者应适当的调节自己在听力过程中的关注点，对所听内容要有选择的去听，要能听辨出听力素材中的主要内容和次要内容，分清主次关系，避免花费大量时间去听辨无关的信息，很多学习者容易出现在听见一个生僻的生词时就停下来去思考和纠结生词意思的现象，这样最容易漏听关键信息，阻碍听力测试的进行。因此，学习者应通过对自己听力学习过程的监督和监控，学会适当的调节和管理自己的行为。

3.REMEDY（纠正）

听力课堂一般只有 45 分钟，在这短短的时间里，学习者进行听力测试，教师对听力结果予以点评，基本上一节课就结束了，学习者完全没有自我发现错误的时间。因此要求学习者在课后也要进行听力训练。教师应鼓励和引导学习者在课后对每次所听的听力内容进行自我点评和监控，问问自己这次听懂了多少，又为什么没听懂，问题出在哪，与上次听力测试相比是否有进步，通过这些方式，让学习者对自己的听力学习情况进行全面的剖析和总结，促使学习者主动去发现自身在听力学习过程中所产生的错误和学习误区，方便学习者对自己的错误进行纠正。同时，教师也要与学习者共同探讨听力水平无法提高的原因。这样，学习者能够选择更适合自己的方式和策略促进自己的听力水平提高。

（三）教材方面

在学习知识的过程中，教材的公信力具有一定的权威性，它从某些角度来看是决定着学生考试时考试的内容和范围的，同时也是学生学习和自我检测的一个手段。教材是教师组织教学、学生进行课堂学习的参照依据和基础，它是连接老师"教"和学生"学"的一个有效桥梁，从传播学角度来看，教材就是传播过程中的传播内容，是由传者到受众的过程中，一个最重要且有具体意义的存在，也就是从"教"到"学"过程中所要学习的内容。从这个方面看，只有正确、有效的内容才能更好地传播传者的思想和主题。同理，只有有效、适合的教材才能让教师进行对"教"中的重点和难点的传授。所以，教材能否全面体现教学目标、教学原则以及教学内容，是教学大纲能够顺利、准确实施的关键，同时对教师教学的质量、学生学习的效度都起着决定性的作用。

1.教材的编写

听力教材的选用对于对外汉语听力教学起着至关重要的作用，它不同于其他教材，听力教材在编写过程中更为复杂和多面，它是与其他教材共生共发展的，"四会"听、说、读、写中，将"听"摆在第一位必定是有其个中道理的，听的能力是掌控交际顺利进行的首要关卡，若听的能力欠佳，那么"说"也只能是自娱自乐，所以听力教学对于学好目的语有着重要作用。而听力教学也决定了它与其他技能课的相异之处——听力教学必为"输入"有声教学。因此，编写听力教材是需要达到高水准、高质量的，难度也就随之增大了。

对于对外汉语听力教材的编写，实用性和适用性这两个原则已经在对外汉语教材的编写和选用中得到了广泛的认同，不论是听力教材、口语教材还是阅读教材在选材和编写的过程中，均以教材的实用性和适用性为核心。但是，我们同样要考虑到教材的编写及选用不仅仅局限于实用性和适用性，它们还需要其他各种积极有效的方面对其进行辅助教学和渗透。刘颂浩老师在他的一篇论文中提到他首次建立了一个课文编选的原则体系，包括核心原则和辅助原则，其中他把核心原则细分为适度性和多样性，辅助原则分为知识性、趣味性以及真实性。这些原则是听力教材和其他技能课教材编选的一个共性。但是听力教材的编写存在属于它自己的特性。

听力教材的编写首先要弄清楚和计划好教学的原则、教学的计划、课程的设置、使用的对象，以及应用的教学法，也就是要遵守以教学设计为先的理念。

第二，要明确听力课的性质是为交际技能所服务的，以交际训练为主，所以从听力教材上所体现出来的特性就是要给学习者以科学、有效的可懂输入为主，尽量遵循学习规律，即从简单到复杂、由浅层至深层，将"y＋1"的模式贯穿于整个听力教材的编写中。

同时，在编写听力教材时，要清楚听力技能课的主要任务是完成学习者对听力微技能的掌握和应用，所以要求听力教材在编写时应着重体现出语音、生词、长短句、对话、短文等在听力教材中聆听微技能的训练。

第三，内容新颖，语言贴近生活，练习方法多样。对外汉语教学教材的编写在选材方面应注重语料的真实性和广泛性，但是语料的广泛性不能够真正激起学习者学习汉语的兴趣，人的兴趣是在需要的基础上，在活动中发生、发展起来的。需要的对象也就是兴趣对象。正是由于人们对于某些事物产生了需要，才会对这些事物发生兴趣，所以唯有让学习者感兴趣的语料和话题，才能真正称得上是成功的语料选择。

第四，听力教材的配套录音应以正常语速来制作，不能过快也不能过慢，要适应学习者的承受能力。同时还要求录音者在录音时，语调不应表现的呆板、生硬，录音者应像演员一样通过声音的传递来表演传达出所要表达的内容，感情表达要充沛，语调抑扬顿挫要分明，最好能让学习者听到不同身份、性别、年龄等的人的声音，让学习者有种身临其境的感觉，这样能够更好地训练学习者的听力能力。

2. 教材的选择和使用

随着"汉语热"的盛行，来中国学习汉语的外国留学生逐年以万人的速度增长着，各大商家似乎看到了一个非常可观的利益群体，那就是对外汉语教学这个新兴的领域，由此导致的现象就是，我们在任意一家书店都能轻易地发现数十种内容、形式各异的对外汉语教材。

对外汉语教师在使用听力教材时要注意分清听力教材使用的"前—中—后"。

"前"（听力课前的准备），要求教师熟悉教材和学习者，了解所持听力教材的编写原则、适用对象、主要内容和欲达到的目标、课时安排及建议使用的教学方法；对学习者的了解主要在于年龄、汉语水平、国籍等，并通过教师与教材中第一节课内容的合理安排和高效配合，能够大致掌握学习者的性格、学习动机等。只有真正掌握了这些，未来的听力课才能顺利有效地进行，而听力教材也能够得到充分的发挥。

"中"，要求教师在听力课堂上能够灵活的使用教材，"去粗取精"，将教学方法和教材有机地结合在一起，让教材和教学方法成为互相依托的载体。教师可以依据具体情况对教材内容的难易程度进行调整教学，例如生词教学中，教师可以先进行简单的名词教学，再进行难度稍高的形容词、副词等的教学，这样能够较好地提高学习者掌握生词的概率。由于学习者学习程度的参差不齐，所以教材不可能完完全全的满足每一个学习者，这就要求教师在听力课堂上能够对教材内容进行合理的增减，以适应学习者的水平，并对教材中某些不完善的知识点进行正确的修订。

"后"，即听力课堂之外的时间教师需对所持教材的内容进行合理的补充，借鉴其他听力教材的优点，编制一份适合学习者学习和增长额外知识的附加教材，将"i+1"模式贯穿于整个听力教学。

第三节　汉语口语技能教学

一、汉语口语教学的具体情况

（一）汉语口语教学现状

传统的对外汉语教学是不分课型的，用一种课型和一本教材解决所有听说读写等方面能力的培养。从 20 世纪 70 年代开始，对外汉语教学在强调实践能力的提高以后，一些学校开设了口语课和听力课，到了 80 年代分课型教学成为普遍的模式，基本上确立了对外汉语教学的几种课型。针对不同的培养目标，分课型教学可以进行有针对性的培养。口语课作为培养学生口头交际能力的课程，在对外汉语口语教学中对提升留学生的口头交际能力起着至关重要的作用。近十几年来，研究对外汉语口语教学的文章逐渐增多，可谓是研究成果丰硕。有的是从整体上分析口语教学的任务、性质、特点和意义，如刘晓宇（2001）和张云艳（2003）等。有的是从其他学科的教学特点出发研究口语教学，如杨娟（2005）等。对外汉语教师也不断地将这些理论转化为实践，将更多先进的教学方法引入口语课堂。目前国内学者对对外汉语口语教学的研究日趋成熟，但在口语教学中仍有很多的问题需要解决和完善。

（二）汉语口教学存在的问题

①口语教材中的课文内容、话题和句型与现实生活中的语言交际有着很大的差距。在口语教学中一些学生曾提出过这样的问题，学生能够理解在口语课堂中学习的句型和语法，但是学过之后却不知道在生活中如何运用，学生还曾提出在日常交流中，中国人也很少运用口语课中学过的句型进行交流。这个问题使学生感到非常困惑，甚至质疑口语教学的实用性，有些学生甚至认为在课堂上学习口语是没有用的。在口语课中学习的知识无法在生活中运用，学习汉语口语之后还是无法和中国人交流，这些问题导致了学生对口语课的实用性大为质疑也使得学生在口语课上不愿意开口练习。一些学生认为学习汉语口语最好的方法就是和中国人聊天，我们不能否认通过和中国人聊天这样的方式学习汉语不是一个好办法，许多外国人没有参加过规范的汉语教学也能讲出一口流利的汉语，但是在没有教师的讲解、规范纠正语音的前提下以单纯聊天的方式代替课堂口语教学是不科学的学习方式。对外汉语教师经过专业培养，熟知第二语言习得方面的问题，在学生遇到语言学习的难点时能够根据相关的学习理论给予学生科学有效地指导。学生提出的这些问题都足以说明对外汉语口语教学还存在很大的问题，口语教学没有达到提高学生口头交际能力的预期效果。

②在同一个班级内学习的学生大致可以分为两类。

第一类学生学习认真，从不缺课，这类学生能够很好地掌握课文中的内容和知识点，课堂上配合老师积极思考回答问题，课后能及时复习巩固学过的知识。

第二类学生则是经常缺课甚至是在考试之前才会来听几节课，学习的认真程度不太高，对于学过的知识也基本不复习。但是这类学生的口语表达能力和对汉语的理解能力却比第一类学生高。在口语考试中这类经常缺课的学生除了对一些汉字无法认读、对课文中学到的句型和语法不会运用之外，在考查学生表达能力的表述题中，这类学生基本能够流利地运用汉语表达自己的想法和观点，观点清晰词语丰富。他们在表达中运用的词语更符合中国人日常表达习惯。他们对中国文化和对中国人的了解更加深入，这都使他们的表述语言流畅内容丰富。经过了解发现这类学生一般都在课余时间做兼职工作或者是经常和中国朋友一起聊天。虽然考试的成绩没有经常来上课的学生高，但这类学生对汉语的理解能力和表达能力更强。两种不同的学习方式，在课堂之外学习汉语的学生口头表达能力却比接受课堂教学的学生强。造成这种差异的原因一方面是教材和教学方法存在问题；另一方面是由于课堂教学毕竟时间有限，如果只利用课堂时间想学好一门语言是不可能的，学生们应该在课余时间多找中国人交流多练习口语。

③在课堂教学中，汉语教师在课堂中为了使学生能够听清楚，讲话的语速一般都比较慢，在讲话时也会根据学生的反应做出适当的停顿。学生们能够很容易的理解老师说出的话，但是有学生建议老师在讲课时说话的语速能够快一点。教师在课堂教学中说话的语速比较慢是为了让学生能够听得清楚、听得明白，较慢的语速也可以为学生示范准确的发音。由于班级内学生的汉语水平良莠不齐，教师教学是为了使大多数学生能够理解，所以教师讲话也会有意放慢语速。学生在适应了这种较慢的语速之后，走出课堂与教师之外的中国人接触的时候常常会觉得对方说话的语速过快无法理解，但是相同的语句如果是教师用较慢的语速说出来学生就能够听得懂。对于初级阶段的学生，教师在汉语口语教学中，应该用较慢的语速讲话以便于学生能够听懂，并纠正语音。对于中级阶段的学生而言，他们对于汉语的语感已经基本形成，只是词汇的贮备量还不够丰富，语音的纠正已经不是教学的重点。中级口语教学中教师可以适当地加快语速帮助学生逐步适应日常交流的正常语速。中级口语教学中教师的语速问题也会对学生的学习造成一定的影响，教师可以针对班级内学生的汉语水平，在保证学生能够理解的基础上适当地加快。

二、汉语口语教学的基本原则

语音方面，初级阶段对学生的发音训练已基本完成，在中级阶段就不应该在纠正学生语音上花费太多的时间。更应该注意重音和语调对句义的影响，同一个句型中将不同的词语重读会体现强调重点的不同，不同的语调也会表达不同的意义。词语方面应该教授那些以口语化词汇和惯用表达方式为主的词汇，避免出现书面语化的表达方式。对词语的理解应该与句子相结合而不是抛开句子单纯地理解词语的意义。教授词语就是为了让学生在交际中将零散的词语按照语法规则组合成句子，完整的表达自己的意愿，更加有条理性地掌握汉语的表达方式。在口语教学中最重要的一个原则就是教师能够将教学内容传授给学生并能够使学生理解。"根据罗伯特.W.布莱尔的'i+1'理论其中的'+i'代表学生的实际汉语水平，'i+1'代表比学生实际水平较高的语言输入，'i+1'就是学生可理解并有效的输入模式。"但是教师在使用这种输入模式之前应该对班内学生汉语的实际水平有准确的认识，针对不同程度的教学内容和学生处于汉语学习的阶段及时作出调整。考虑到中级阶段学生的特点，许多学生已经过了对汉语学习的"蜜月期"，课文中出现的语法难度逐渐加深，掌握了一定的词汇量但还不能满足日常交际的需要。所以在课堂教学中应当选择难度适中并且能让学生感兴趣的话题，话题的内容也应尽量广泛，使每一个同学都能够参与到话题的讨论中。在话题的选择方面，尽量选择那些与生活紧密结合的，例如，旅游、购物、健身运动、特色小吃、传统文化等。越贴近学生生活的话题越容易让学生联想起真实的生活场景，越能激发学生开口说话的欲望，学生学到的知识也更容易运用在真实的生活之中。在选取话题时教师应当充分考虑学生本国的文化、宗教背景，避免宗教信仰和文化之间的不同而争论。对于国家之间的国际关系、战争和历史问题相关的话题也应该有策略性的引导话题讨论的方向。针对不同国家的生活习惯选取适合的话题，例如欧美学生比较注重隐私，一般不喜欢公开讨论自己的个人生活情况，在课堂讨论环节教师也不应该强制要求欧美学生介绍自己的家庭状况。话题讨论时，教师也应考虑到不同国家的人性格有所不同，欧美学生一般性格开朗敢于发表自己的观点，而日韩的学生性格一般比较内向害怕犯错，即使知道问题的答案也不敢回答。这就需要教师在课堂中积极地引导性格内向的学生开口，帮助学生树立积极参与课堂讨论的意识，否则会造成学生被教师忽视的心理，长此以往性格内向的学生会形成不参与课堂讨论的习惯。课堂中也会出现两极分化的现象，喜欢参加讨论的学生在课堂中表现更加活跃，不喜欢参与课堂讨论的学生在课堂中表现更加消极。与其他课程不同，在口语课中教师不再是课堂中的主角，而学生则成了课堂中的主角。也就是说口语课的大部分时间是让学生开口讲话的，教师在口语课上应该是根据课程的内容启发引导学生开口，调动学生的积极性。每一节课中如何规划好教师讲解和学生开口讲话的时间是非常重要的，如果教师的讲解时间过长，那么口语课无异于综合课，这样的口语课也就失去了教学意义。学生是课堂的主导并不意味着教师讲解完课文的内容过后就放任学生自由讨论，教师仍然是课堂的掌控者。一个口语教师的职责并不是要把课文内容讲解清楚之后再让学生机械般地进行模仿训练，而是将口语练习和模拟的语境相结合，在不断变化的模拟语境中训练学生的口语能力和应变能力，避免脱离语境不切合实际地练习。在教学中教师提出一个问题的目的并不是为了给学生答案，而是要引导学生通过思考、讨论得出答案，帮助学生解决讨论中的遇到的问题。

三、微信辅助汉语口语教学的新模式

（一）新模式的设计

微信辅助汉语口语教学的主流程是：教师以班级为单位组建班级群，通过微信群或者个人用户推送相关的学习任务，推送对象要根据学习任务来设定，如果是需要合作完成的学习任务就推送在班级组建的学生群里，需要独立完成的学习任务就通过微信群发助手分别发送给每位同学。学生收到相关学习任务之后，根据任务性质来确定如何完成学习内容。学生随时可以在群内交流讨论，教师则要做好观察记录和解决问题的工作，如果是班级普遍的共性问题，可以通过群聊的形式反映给教师进行集中解决。若所遇问题并不普遍，只是个别问题，那么教师可以通过微信私聊形式与学生一对一进行单独指导解决。

因此，无论微信的功能有多强大，口语课的教学形式有多少变化，最终的一个目标都是解决学生的学习问题，提高学生的口语水平。

（二）新模式的操作

1. 课前发送预习任务

课前预习对学习来说十分重要，对汉语口语学习者亦是如此。上课之前，教师需要备课，学生需要预习，这是良好的学习习惯。

教师不仅要对教材有一个熟悉的把握，也要对学生有充分的了解。这就需要教师多注意观察学生，多与学生交流，也可以通过微信关注学生的朋友圈动态，知晓学生需求、兴趣爱好等。

在备课过程中，根据学生的需求和爱好选择合适的事例、图片等教具，有针对性的制作课件，让学生在口语课上有话说，有交流的冲动。教师备课结束后，将预习任务发送到班级群或者是学生个人。学生接收之后，根据预习指示完成任务。需要自行完成的预习任务，学生就要避免交流讨论。需要集体合作完成的预习任务，学生就要积极参与讨论，发表意见。预习过程中遇到的所有难题，学生都要及时提出来，通过微信发送到班级群里或者单独发送给教师。教师接收之后要做好详细记录，标记好问题类型是属于共性问题还是个别问题，以备上课时候有针对性的解答。

学生要充分利用好微信的各项功能，比如微信公众号，预习过程中发现与学习有关的知识文化，可以利用微信的收藏功能点击收藏，方便日后的阅览学习。学生做好预习之后，对本课的学习任务要有一个反馈。学生通过微信对教师的备课内容提出意见和建议，同时把自己认为有困难的任务告知教师。教师要做好预习任务的问题收集和整理。

课前预习使学生对上课有了一个提前预演，也清楚了自己的疑点难点，上课的时候就会轻松自如很多，从被动接受知识变成主动学习，不仅激发了学习兴趣，也提高了学习效率。

2．课上检查预习效果

在课前预习的基础上，教师利用上课的前五分钟针对通过微信推送的预习任务进行课前抽查，简单地提几个问题，了解学生是否真正利用微信做好了课前预习。对于没有认真完成预习任务的学生，教师做好记录以便课下监督辅导。抽查结束后进行新课讲解，在新课的讲解过程中，教师要层次分明，根据之前学生通过微信反馈的预习中的问题，对重难点知识进行着重讲解，对班级的共性问题要在课堂上解决，加深学生的印象。重难点讲解清楚之后，要尽可能让学生发言，学生在朗读或者表述时出现的语音问题，教师可以记录下来，在当场纠正之后，课下有针对性地给学生发送语音训练作业，以强化巩固学生的正确发音。

此外教师要针对学生的学习表现提出相应问题让同学展开讨论，主动寻求答案。对羞于表达的同学可在课后通过微信进行单独辅导，以鼓励和增加学生用汉语表达的信心。最后，教师根据学生的讨论结果进行答疑，直至问题解决，整个课程到此结束。

这样一来，学生在课堂上就不会拘谨，教师不再是课堂的主人，而是整个课堂的引导者，学生成了课堂真正的主人，学习变成了主动的事情，对口语教学也起到了促进的作用。

3．课后巩固学习内容

课后时间对学生来说是一段非常有利用价值的黄金学习时间段。尤其是口语课，课堂教学时间短，练习时间有限，学生消化吸收新知识的时间也有限，很多学生无法在课堂上完全掌握所学内容，比如课上会读的生词课下再看时就读不好，跟着教师能够做到标准发音，一到自己练习时就出现错误等诸如此类的问题。口语课模仿学习很重要，学会之后反复练习也很重要。因此，学生要想完全掌握好口语，课堂上的几十分钟是远远不够的，但是可以充分利用好自己的课后学习时间，复习巩固，查漏补缺。未能理解的知识内容在课外寻求教师同学的帮助，及时解决问题，那么学习就不会出现断层状况，学习效率提高了，口语水平也就提升了。

教师在完成课堂教学之后，及时把课后作业通过微信发送到班级群里，学生收到之后各自进行下载保存。教师提前将班级学生分成小组，这个小组是互助组性质，每个小组都有一个小组长，所有与学习相关的事情小组成员都可以在组群内商量讨论，小组长来负责协调安排。每次口语课后，教师要和学生提前约定好一个时间点，这个时间点要确保大家都可以微信在线。口语学习离不开练习，所以课后练习必须落实。

教师虽然把学生分好组，小组内可以练习，但是教师并不能完全放手。教师要加入每一个小组，学生在各小组的微信群内练习口语的时候，教师要做好记录以便有针对性的个别辅导。比如课后作业是对话练习，小组长就要根据对话数量来安排组内成员每人的对话量，确保每个小组成员都能有练习的机会，每次口语练习的时间是一个小时。学生在小组长的安排下进行着口语练习，教师就可以轮流在每个小组群内认真倾听学生的发音，同时记下学生出错的地方。

小组完成任务的时间有快有慢，但是微信的口语消息有保存功能，所以教师可以根据小组进度依次进行小组点评，等到班级所有的小组口语练习完毕，教师在班级群内讲解练习时的共性问题，个别问题就选择私聊形式一一解决。等到所有的问题解决，练习完成，学生的课后学习也到此结束。教师根据整个教学过程中，学生的表现以及课堂效果进行课后反思和综合评价，为下一节课的学习做准备。

综上所述，微信辅助汉语口语课的三个阶段就是课前预习、课堂教学、课后复习。微信的辅助功能主要集中在课前学习和课后学习，课堂教学虽然不使用微信，但是微信的收藏记录等功能同样可以帮助教师更好地掌控课堂，有助于课堂教学更加方便快捷。

（三）新模式效果与优势

1. 互动形式十分新颖

在利用微信辅助汉语口语教学的过程中，教师和同学之间，学生和学生之间借用微信完全可以实现零距离交流。传统的师生交流就是在教室内或者在办公室内进行，学生在学习上的所有问题要么约教师见面，要么是在教师上班的时候抓紧时间询问。如果不及时抓住时间解决学习上的问题，教师下班之后再想找到教师见面就有些困难了，虽然可以打电话发信息，但是棘手的问题还是不能得到完全解决。使用微信软件以后，无论是课前预习还是课后复习，只要有问题就可以通过微信找老师帮助，把自己需要解决的问题通过消息、图片、语音等多种新颖形式发送给老师，老师收到后就能得到及时解答。

这样下来双方的沟通形式也变得有声有色，不再是呆板乏味的文字表达。教师和学生即使距离相隔甚远，一次语音视频就可以看到彼此的面容，教师就好像一直在学生身边。

在微信的帮助下，教师和学生的交流方式相比以前更加丰富，互动的形式更加新颖，师生之间的沟通更加紧密，学习也随之变得容易了许多，互动效率随之大大提高。

2. 学生个性得到发展

通常来看，传统型的教学一般都是同一个进度，同一种方式，统一的要求标准进行学习，这就在很大程度上限制了学生的发展，抑制了学生的个性和兴趣的培养。学生的性格各种各样，在学习过程中的表现方式也是有所不同。性格外向的同学更倾向于展现自我，课堂上大胆发言，与教师同学畅所欲言。性格内向的学生往往在课堂上羞于开口，教师不点名是不会主动要求发言的，还有的被教师点名回答问题时害怕说错害怕学生嘲笑而心理紧张。传统的汉语口语课堂上由于时间有限，积极主动的学生练习的机会就会很多，而内向的学生就会失去很多表现自己的机会。教师为了掌控好有限的课堂时间无法提供更多的练习机会。这样就导致积极主动的学生口语水平提高得更快，而性格内向的学生口语水平就会偏低。课堂上得不到充分的练习机会，积极主动的学生在课下也会想尽各种方式练习自己的口语，而内向的学生可能不会主动与同学教师课后交流，教师无法时时监控学生的学习状态，久而久之就会形成学习的恶性循环。

使用微信辅助汉语口语学习之后，无论性格外向还是性格内向的学生都相当于拥有了一个平等的交流练习平台。性格活泼外向的同学可以在课外使用微信和老师聊天练习口语，多和老师分享生活中的点滴趣闻。性格内向的学生在课堂上不敢表现自己，课外就可以通过微信自己找老师交流学习，课堂上没听懂的羞于开口的问题在课下单独寻求教师的帮助。教师此时就相当于学生的私人教师，学生有私人的一些问题都可以一对一的和老师交流，避免了课堂上集体学习的尴尬和不便。同时，性格内向的学生如果有不能直说的事情也可以通过编辑文字消息及时得到教师的帮助，保护了自尊心。教师也可以通过微信对课堂上学习吃力的学生在课下进行单独辅导，对接受能力稍弱的学生课下进行补习，使学生能够在不伤及自尊的情况下保持一个好的学习状态。

3. 学习工作效率提高

对于教师来说，无论使用何种教育方式，最终的目的就是学生能够学好掌握好所学知识。对于学生来说，无论怎么改换学习方式，能够提高学习效率的方式就是最好的学习方式。教师和学生最终的目标都是让学习效率提高，让学习成绩得到提升。使用微信辅助汉语口语教学，无论对教师还是学生，在学习工作上的效率可以说是得到大大提高。

根据传统教学模式来看，汉语口语教学的关键就是在课堂上让学生多进行口语操练。教师之所以会在课堂上把大部分时间都留给学生进行操练，原因就是教师和学生的有效时间都集中在课堂上，只有在课堂上教师才能够真正监控到学生的练习状态。下课以后，再想看到学生练习除非把学生留下来在办公室完成，否则是没有太多面对面辅导的机会。而学生的练习机会也只有在课堂上，课下老师走后再想找教师一对一指导也是很困难。教师课外有一些想要和学生分享的学习资料、学习方法等也只能在课堂上进行，所有与教学相关的事件都必须占用课堂时间来完成。所以，课堂时间就显得格外珍贵，往往让人感觉一节课还没有学得尽兴但是时间就已经到了。有时候教师多给了学生一些练习时间，讲解的时间又少了，讲解的时间多了练习的时间又不足了。以上种种就是传统汉语口语课堂教学的弊端。

使用微信辅助汉语口语教学之后，学生和教师之间就好像架起了一座即时沟通桥梁。教师和学生都可以运用微信随时进行交流沟通。教师对教学工作的安排，对学生的通知等都可以借助微信随时进行。课堂上教师就不再有时间的压迫感，完全可以把重要的讲解练习放在课堂上完成，大量的课后口语练习都可以通过微信完成，这样就使教师在课堂教学任务的安排上实现最大效率的优化资源。学生在课堂上得不到充分的练习机会就可以在课下使用微信自己寻找好友练习口语，课堂上由于时间关系没有解决的问题在课下通过微信寻找老师的帮助，教师在课堂上遗留的问题可以通过微信群告知全班同学。对于课前预习和课后复习，教师可以第一时间发布在微信群，省去了课堂上布置任务所花费的时间。教师在课堂上所观察到的学生表现，如若发现有学生产生懈怠骄傲情绪，及时通过微信私信进行个别交流，使学生能一直保持一个良好的学习势头。

通过微信从知识层面和心理层面对学生进行时时辅导时时督促，学生的学习效率和以前相比会得到进一步的提升。教师与学生之间能够保持一个良好畅通的交流渠道，教学任务得以高效完成，学习工作的效率也得到了大大提高。

第四节　汉语阅读技能教学

一、汉语教学中阅读教学的重要性

（一）阅读的主要功能

古今中外，有关读书的名言警句不胜枚举，读书的重要性更是不言而喻。纵观历史上的成功人士，莫有一人不鼓励读书，"读万卷书"者比比皆是。当然，阅读的概念不仅仅指书籍还包括许多其他方面的文字资料。这里，主要从日常生活的角度概括一下阅读的重要性。

1. 阅读是获得信息的重要方式

人们常用"信息大爆炸"来形容 21 世纪的高度信息化，经济的飞速发展，知识的快速更新，使得人们每天的生活、学习、工作等等都被各种信息包围着，并在有效的信息指导下紧张地进行着。占有更有效的信息，就意味着距离成功和财富更近一步。

获得信息的方式有很多，但最主要的不外乎视觉和听觉两类。如今互联网日已经为人们生活中不可分割的一部分，网上每天发布的各类信息无时无刻不充斥和影响甚至改变人们的生活，如何在海量的信息中有效地获得和自己相关的和有用的信息不但是一种必须，也是一种能力的体现。而这需要的不仅仅是筛选信息的能力，更重要的是要有高效的阅读能力。

2. 阅读是学习知识的重要途径

作为学生，日常的课堂学习和阅读是获得知识最常用也是最主要的途径。然而，课堂学习的时间毕竟是有限的，更多的内容是需要个人在不断地阅读中去积累和发现的。

据统计，在读书识字的人群当中，每个人所掌握的知识中几乎有一半是通过阅读的方式获取和积累的。

法国学者安德岁·莫罗瓦说："当今的文明是前人世世代代知识和经验的

结晶。要想享用它，就要学会阅读。因为讲授抑或是直观教学，都不可能达到相同的教育效果。图像，虽然可以用来清楚地解说一篇文章，却对思维能力的培养无甚益处。教课和电影一样，看过了，听过了，也就销声匿迹了，过后要想再查看它，基本上是不可能的。而书籍，却是我们一生的最佳伴侣。"由此也可以看出，阅读是知识获得的主要途径。

阅读也是一个人认识和了解世界的过程，是一个人自我思考与反思的参照，通过阅读来达到自我成长与修炼的目的，这对个人世界观、人生观和价值观的形成有着非常深远的意义。实践证明，一个人事业上的成功是与他的知识涵养成正比的。

3. 阅读是语言水平提高的主要方法

通常来讲，人的大脑中存在着一个语言知识库，这个知识库中不但储存着关于语言和文字的知识，还包括一些相关的文化知识。但是这个知识库并不是与生俱来的，它的形成过程贯穿于整个语言学习的过程，即语言习得的过程。

大量科学的阅读最直接的影响就是阅读者词汇的增加和知识面的扩大。事实证明，单词量与文化知识水平对个人的阅读理解能力有着巨大的影响。而阅读能力的强与弱又决定了这个人获得知识的能力。并且，阅读与听、说、写之间是相互影响、相互依存的关系，一方面的水平高低对其他几个能力的培养与进步也有着深刻的影响，这一点我们将在下面具体陈述。

简而言之，语言能力的提高首先依赖于大量的语言输入，而阅读是重要的输入方式。因此，阅读活动的进行不可或缺，阅读能力的培养不可小视。

4. 阅读有助于在考试、升学等活动中增强竞争力

考试、升学、就业、工作等等，是每一个学生的必然经历和必经阶段。以留学生的汉语学习为例，他们需要通过汉语水平考试（HSK）的各级别考试，其中阅读和听力、口语、写作一样，占有相同的比例，要想顺利通过考试，任何一项技能都不可偏废。还有部分人需要参加商务汉语考试（BCT），并且，在工作或是选择将要留学的学校时，都会将这些考试级别作为一个硬性的要求，因而，能否通过这些考试成了人们继续学习和深造的门槛。如果单纯地从阅读测试角度讲，把阅读作为一项测试内容，更多的是考查人们知识的掌握和运用能力，更多地显示出阅读的功用性，是对学生是否"会读书，巧读书"技能的测试。

很多人在阅读部分出现问题，一部分属于知识性错误，但还有一部分就是由于审题不清造成的答非所问，或是不能领会答题的规范而出现的盲目堆砌问

题。更重要的是，这些问题不仅仅出现在阅读考试中，甚至在听力、写作的测试当中也会犯同样的错误，通常情况下，我们叫他"马虎"或是"失误"，然而从根本上讲，就是还没能真正地掌握阅读的技巧，不能有效地处理阅读材料。因此，这就需要人们更加认真地对待阅读的相关问题。

综上所述，阅读是人们日常生活中不可或缺的一部分。它是获得信息、学习知识、提高语言水平及通过考试和选择工作的重要途径和必要技能。因此，从阅读的功能性角度来讲，值得我们给予更多的关注。

（二）阅读与听、说、写的关系

1. 阅读与听力的关系

阅读和听力从过程上讲都是属于被动接受的形式的语言输入和理解。从阅读心理学的角度讲，二者的共同之处在于：在理解的过程上，都是自上而下与自下而上对向平行过程的运用，这是 Rumelhart 平行相互作用模式对阅读过程的最好诠释。但是由于输入方式的不同，它们也存在一些差别。

一方面，从生理学上说，阅读属于视觉感知，听力属于听觉感知。另一方面，从时空上看，听到的东西转瞬即逝，而阅读的材料却可以反复查看，这也为我们从各种文献中了解到过去人们生活状况等提供了可能。

此外，阅读与听力的关系还涉及阅读心理学中有关词的认知理论中有关语音转录假说的一些说法。关于阅读通道的问题，目前主要存在着以下三种说法。

首先，20 世纪 70 年代初，Rubenstein 等针对之前的有争议的词的认知理论提出了清晰有力的语音转录假说，认为人们对于词的认知需要经过语音因素的转录才能达到理解的目的，虽然这一观点没能在所有的试验中得到完全的证实，却也在一定程度上说明了语音转录过程的存在。

其次，是建立在语音转录假说基础上的词形表征通道，即通过对词形的辨认以达到理解词语本身的过程。

最后，是梅耶（Meyer）在以后的研究中进一步提出的双通道模式，即在词的认知的时候，使用语音与词形的表征都可以达到理解词条的目的。在单词的识别过程中，哪条通道的加工速度快，就会自然地选择哪一条。

以上的研究虽然都是建立在对拼音文字基础之上而开展的，但是这也对汉字的阅读给予了一定的启发。虽然目前还没能有成熟的理论去证明汉字认知的相关假说，却也说明了听力与阅读的关系。

2. 阅读与说话的关系

阅读的"输入"与说话的"输出"似乎是互不相关的两种技能，但事实上，两者是互为补充的。实验表明，大量的阅读对说话能力的提高有促进作用。

我们生活中时常会出现"无话可说""不知说什么好""不知道该怎么说"的问题，这些问题不但发生在相同语言背景中相互交际的人之间，在跨文化交际中更是数见不鲜。这一问题的产生一方面是由说话者自身知识积累不足造成的，说话者因无法对对方的话题给予合理的回应而顿时感觉"语塞"，这一现象从理论角度讲是由输入不足而导致的输出不畅。另一方面，也有可能是由说话者的跨文化交际意识不够造成的，即听话者因不了解对方的文化背景而误会了说话者的表达意图，造成沟通无法顺利进行。因此，阅读为人们提供了丰富的口头表达材料和话题。

此外，阅读对于我们学习和复习生字、词汇、语法以及获得文化积累有重要的作用。语言的口头表达离不开人们对字、词、句的整理和组合，同时，语言的表达也离不开相应的语言环境，这一语言环境本身便涉及了文化语境的内容，人们对语言本体知识及文化背景的掌握，对语言的合理表达有重要的补充作用。

3. 阅读与写作的关系

目前流行的许多对外汉语教材，也都是将阅读与写作放在一起进行编写的。这一安排是对 Bartlett 图式理论在实践中的合理运用。因为根据图式理论的观点，人们过去获得的知识在头脑中存储下来成为图式，它们对新信息的理解与加工有重要的作用。在不断地"阅读—写作—阅读—写作"的练习中，学习者可以把阅读材料中的内容作为参考，对其语法、修辞及行文结构的安排进行模仿，并尝试运用到自身的写作当中，之后再以阅读内容为参考，对写作的内容进行修改以最大限度地达到与原材料相同的效果，这一训练过程做到了阅读与写作的相互补充和相互促进。

阅读还可以为写作提供丰富的语言和文化材料，这都将有可能成为写作的素材，是写作灵感的源泉。反之，写作的练习也可以增加人们对阅读的需求，从而产生阅读的动力，增加阅读数量，提高阅读水平。

二、汉语阅读教学的现状及问题

近年来，国内不少对外汉语教学界的专家和教师除了致力于对外汉语教学理论研究，在教材研发方面也付出了很多心血并且硕果累累。对外汉语阅读教材的研发成果，为对外汉语阅读教学顺利开展提供了必要条件和重要保障。然而，我们不得不看到由于对外汉语阅读教材学习者的特殊性和阅读作为技能训练课存在的一些难点等，导致了对外汉语阅读教学课成了看似最简单但实际最难上好的一门课。

基于目前对外汉语阅读理论研究存在理论指导与教学实践脱节等问题，通过教学实践归纳了对外汉语阅读教学实践的概况并总结了一些在教学过程中发现的制约对外汉语阅读教学效果因素。

（一）汉语阅读教学中学习者存在的困难

在第二语言教学中，学习者的特殊性会增加教学的难度。对外汉语学习者相对于汉语母语学习者来说是比较特殊的学习群体，因此在对外汉语阅读教学过程中学习者存在的困难是一个特别需要重视的问题。具体来说，外国学生在汉语阅读课的学习中主要存在以下几个方面的障碍和困难。

1.知识储备不足的问题

外语教学的目的除了从读物中获得信息，还有一个就是通过阅读积累更多的知识。阅读课作为一项技能训练课，除了提高学生的汉语阅读技能之外，还旨在扩大学生的词汇量、巩固已学的语法知识和增加学生对中国文化的了解等。同时，阅读的顺利进行本身也需要建立在学生已有的一定的知识储备的基础之上。

阅读理解是读者重建作者所传递的信息的过程。能不能重建，能重建多少，跟读者的知识水平有关。如果读者知识储备不足，必然会导致阅读理解的障碍和困难。对外汉语阅读课学生知识储备不足的问题主要体现在词汇、语法知识和文化背景知识三个方面的储备不足。

首先，大部分对外汉语学习者阅读中遇到的最大困难是词汇量储备不足的问题。阅读课的顺利进行首先需要建立在学生具备一定的词汇量的基础之上。扩大词汇量是阅读训练的目的之一，而词汇量的扩大也可以提高学生的阅读兴趣促进阅读课的教学效果。可以说阅读量和词汇量的多少是成正比的。词汇量不足会导致学生阅读障碍从而降低学生对阅读课的兴趣。在接受调查的50名留学生中有33名学生认为阅读课学习中最难的地方是材料中生词太多，有11名认为最大的障碍是看不懂，而这也和词汇量不足有一定的关系。在教学实践中发现即使是中高级汉语学生者在阅读课上大部分人都不能脱离电子词典独立地完成阅读训练。这从侧面反映了词汇量储备不足给阅读带来的障碍十分明显。

由于阅读技能训练的目的之一是通过大量的文字材料扩大学生知识主要是词汇的积累，所以读物中有生词是必然的。出现第一种情况也是正常的。第二种情况也是不可避免的。但如果学生经常遇到第三种情况，那就太难了。阅读训练也很难起到什么预期的效果。

其次，对外汉语阅读课中学生遇到另一个障碍是语法知识储备不足。对于用母语阅读的人来说，往往很少会用语法分析帮助理解，几个关键词映入眼中就能产生理解。但是第二语言学习者的阅读常常要通过语法分析的手段寻找词与词、句子与句子等之间的关系，厘清了这些语法关系才能建立命题，构建命题树。

2. 阅读速度过慢的问题

传统的阅读教学效率很低，效果也不很理想，导致了诸多问题。主要体现在以下几个方面。

①如果学生阅读得速度慢，就没有时间和精力进行大量的阅读，这样阅读量就不会快速大量地增加。而没有足够的阅读量，学生的阅读速度提不上去的同时对外语文字材料的反应也会不敏捷，容易导致对外语阅读的焦虑感。这也是很多学生一遇到篇幅较长、生词较多的外语阅读材料就会犯愁的原因。

②读者阅读过程中常常会遇到这样的情况，就是把出现的字句弄懂了但是文章的整体意义却没有搞懂。这和太重视字句的理解有直接关系。逐字逐句的阅读模式太重视字句的理解容易导致忽视对阅读材料整体意义的把握，从而导致上述不理想的阅读结果。

阅读量的提高和阅读技能的提高有密切联系。对外汉语阅读课作为阅读课也提倡大量阅读。广泛大量地阅读能帮助读者提高阅读的熟练程度，而阅读的熟练程度也会影响阅读量的提高。从认知的角度来讲，熟练的读者能使词的意义很快用于更高水平的加工，因为他们对词的再认识是迅速而自动化的，在对视觉信息加工的过程中很少发生阻断和障碍。

（二）汉语阅读教学中制约教师主导作用充分发挥的因素

教师作为教学三要素之一，对教学过程起着主导作用。能否很好地发挥教师的作用直接影响这教学效果。对外汉语阅读教学中一些现象制约了教师主导作用的发挥。通过总结主要是以下几个因素。

1.教师对阅读课的认识和备课充分性不够

和精读课和其他科目不同的是，阅读课的自由灵活度比较高，也没有硬性的教学进度考核指标，所以导致学生和教师都对阅读课的认识不够，忽略了其重要性的同时，对自身的要求降低。

另外，由于阅读课教师讲授的内容较少，有些对外汉语阅读教师在备课时也不像其他科目那么细致认真，认为可以让学生自由阅读，所以在熟悉教材和全面掌控教材方面准备得很不充分。这就导致了阅读课在课堂环节、授课方式等方面都有欠缺。究其原因，这和对外汉语阅读课教师自身对阅读课的重要性认识不够深刻，同时备课也不够充分有直接的关系。

2.汉语阅读教师自身理论储备不足与教学实践的矛盾

理论对实践的指导作用是不容忽视的。由于种种主客观原因，一些一线对外汉语阅读教师特别是刚刚踏入对外汉语阅读教学领域的年轻教师由于教学经验欠缺学术研究搞得很少等诸多原因，在理论研究这一方面缺少广泛的理论来源。在这种前提下，往往更容易忽视拓展自己的阅读理论知识，在教学理论的探究方面也重视不够。在不具备广泛的理论基础的前提下，对外汉语阅读课堂教学缺乏理论知识的指导，必然会影响教学效果。

3.教师对阅读教学技巧的掌握和灵活运用的矛盾

在阅读课教学过程中存在一个突出的问题，即教师自身的教学理论在课堂上能否有效运用的问题。这个问题主要体现在以下几个方面。

第一，个别教学经验很少的教师、特别是年轻教师，自身对阅读教学法掌握的不全面，从而导致在阅读教学中对教学法的运用不熟练。

第二，有些汉语阅读教师具备扎实的汉语本体知识和良好的阅读技能，但在课堂教学的过程中未能充分认识到良好的教学方法对提高阅读课教学效果的重要性同时也忽视了对阅读课教学方法的实践和改进。

第三，有的教师虽然比较系统地掌握了阅读教学方法，但在具体的课堂教学中总是习惯按照老的套路和传统的单一的授课方式开展阅读课教学。

以上这些现象都严重影响了阅读课的教学效果。所以系统地掌握对外汉语阅读课教学法并对教学方法加以灵活运用，是对广大对外汉语阅读教师提出的新的挑战。

（三）汉语阅读教学方式存在的局限性

传统汉语阅读教学形式也存在局限性，主要表现在授课方式、教学条件两个方面。

1. 传统授课方式的局限性

传统的汉语阅读课教学，多采用教师课堂授课的形式，授课方式也比较单一，大部分是在教师的引导下学生被动地参与。这不利于学生发挥自主性和学习的积极能动性。而教师同时面对二三十名学生甚至更多来自不同国家的学生，在限定时间的课堂上也不利于对学习程度有差异的学生灵活调整授课的进度，特别是阅读课本身涉及对学生阅读速度和时间的掌控，在这种情况下传统的授课方式存在一定的局限性。

2. 教学条件和教学设施的局限性

传统的教学设施和教学环境，不利于学生充分发挥现代化教学手段比如远程教育、网络教育、多媒体教学的优势，也不利于提高学生的学习积极性。

目前一些条件具备的学校已经开始在推广现代化教学设施逐步改善学生的学习环境和教学条件，但由于教学场地、资金等方面的客观原因，总体上说还需要进一步改善。即使是硬件设施比较好的学校，现代化多媒体教学设备多是针对听力课、综合课等教学设置的，对阅读教学这方面硬件设施投入几乎是个空白。传统对外汉语阅读教学条件的局限性也加大了阅读教学改革的难度。

三、汉语阅读课的教学内容

（一）建立知识库的教学内容

1. 汉字教学

汉字教学是阅读教学乃至对外汉语教学的重要组成部分，是汉语阅读课初级阶段的主要教学任务，它包括写和读两个方面。阅读的"读"体现在汉字的认读方面，这也是汉语阅读的基础。汉字是一种表意文字，对于大多以表音文字为母语的留学生来说，汉字是最关键但也是最困难的学习要素，这就使得对汉字教学方法的探讨显得极其重要。目前国内的对外汉语教学很少为汉字教学设置专门的汉字课，这使得对汉字的教学就由汉语读写课或阅读课来完成，特别是对于阅读课初级阶段的学生来说，主要的学习任务就是汉字的读与写。汉字教学的成功与否，直接影响到学生后续的阅读能力与阅读技巧的养成。

2. 词语认读与理解

词是能够表达意义的最小的语法单位，汉语中词的特点导致词语教学成为汉语阅读教学的重点与难点。汉语词的划分问题、多义词、同义词、近义词、反义词、词的文化背景的特殊性的问题都使得词语教学成为阅读教学的重中之重。阅读中的词汇教学，既是阅读教学本身的需要，也是汉语学习的必然要求。在初级阶段，词语的认读识记很重要，在中高级阶段，词汇量的扩大、词语多种含义的掌握就成为重点。

从我们学习英语的经验来看，词汇量的多少直接决定阅读理解能力的高低，对词语的认读、语境中对词义的解读都是阅读教学乃至语言学习的关键。鉴于此，在阅读教学中词语教学方法与技巧的探讨就显得尤为重要。初级阶段的词语教学以认读和词义理解为主，这一时期的课文较短较简单，以基本词汇和词汇的基本义常用义教学为主。随着学习的不断深入，词语的语法结构、构词方式、搭配关系、褒贬色彩、语用功能等知识就要传授给学生，并引导他们从技能训练的角度进行学习总结。高级阶段的词语教学就应该以词汇量的积累扩大为主。

3. 句子理解

句子是由词或词组组成的用来表达完整意义的最小单位，前面的字、词、词组的训练是句子的阅读训练的基础，而它同时也为语段和篇章的阅读做准备。汉语句子构成有其特殊性。如汉语的句子成分与词类之间不存在一一对应的关系，汉语的句法结构灵活多变，加上汉语还有一些特殊的句式反问句等，这些都使得汉语阅读教学中的句子教学应该重视词组、短句的认读训练、长难句、复句、特殊句式的长期教学。

4. 语段、篇章教学

语段、篇章阅读训练是阅读教学的"最高阶段"，也是中高级阶段汉语阅读教学 的主要内容，在这一阶段，要让学生能够理解构成语段的句子与句子之间的关系，理 解篇章所表达的意思，了解篇章的结构和衔接手段。而这一部分的教学就是需要教师运用恰当的教学方法，通过合理的教学设计，使学生有意识的理解篇章的结构框架。同时这种教学可以结合不同文体的阅读教学进行。

（二）培养阅读技能的教学内容

阅读课不是综合课，不能像精读课那样把重点放在词语和语法的精讲多练上，阅读课更应该是根据汉语自身的特点，总结出一些经验性、规律性的东西，同时将教材作为学习者掌握阅读技能的一种途径，使学生在理解阅读材料的同时熟悉和巩固阅读技巧。吕必松先生认为语言交际能力的获得是一个漫长的过程，至少要经过知识—技能，技能—交际技能的两次转化；其中知识是技能的基础，技能是交际技能的基础，技能处于语言交际能力获得的中间环节，是语言教学的中心。阅读技能在很大程度上决定了学习者阅读能力的高低。这种阅读训练在具备汉语水平的中高级班里是非常必要的。它不仅能够增加学生的阅读量，对听、说、写的能力的培养也有作用。

四、培养阅读技能的教学方法

到目前为止，学术界认定的阅读技能主要有快速阅读、猜词、句子理解、抓主要观点、抓标志词、抓重要细节、预测、评读、扩大视幅、组读、文体阅读技巧。在这其中对词语的正确把握是理解文章的关键，所以留学生在进行阅读活动碰到阅读障碍时，最常用的学习策略是猜词，在教学过程中，教师也经常在学生阅读时要求学生学会猜测词义，以便形成良好的阅读习惯。

（一）猜词技能

在猜词过程中留学生会用到语境知识，句法知识，语素知识，汉字知识，语际知识（母语、其他语言），超语言知识（背景知识）等。其中语境猜词教学法和语素猜词教学法是教师在教学过程中最应该突出训练的教学方法。 语素猜词包括构词法猜词、语素义猜词、词缀猜词。构词法是汉语词汇的一大特点，复合词的五种构词方法，每一种方法都可以使一个语素通过不同的方式结合成一个词汇家族。但由于汉语一字多义、一词多义的现象甚多，所以学习者在理解词语意义时与语境猜词的结合就显得异常重要，语境猜词包括文章主题猜词、上下文语境猜词、句意猜词。语境对词语的意义都限制作用，能够弥补语素猜词的局限性，提高猜词的正确率。

（二）快速阅读

研究表明汉字的表义性和较强的构词能力为快速阅读提供了条件。在教学过程中教学者应该有意识的采用多种教学方法来帮助学生提高阅读速度。阅读速度的训练一般放在中高级阶段。

1. 培养良好的阅读习惯

朗读是初级阶段帮助学生培养阅读语感的有效方法，但伴随着学生语言知识的增 多和阅读量的增大，朗读就显然不太适合教学的发展，这时无声阅读可以帮助学生文字的认知与理解过程由"形—音—义"调整为"形—义",从而加快学生阅读的速度。唇读和指读也是学生常用的阅读方法,这两种方法同样不利于学生好的阅读习惯的培养,在这种方法下阅读,学生会把注意力放在单独的字词上,遇到不会的词就想查字典或者回读,也不利于学生整体阅读理解能力的培养。

2. 限时阅读

根据文本的难易程度,教师确定学生的阅读时间,并且在阅读前提出问题,让学生带着问题有选择有目的地进行阅读,这样做一方面潜意识地培养学生快速阅读的能力;另一方面学生会下意识的积累各种阅读技巧,主动熟悉文章结构和体裁特点,这是一个一举两得的方法。

3. 词块教学法

20 世纪 90 年代词块教学法兴起,以词块的识别和构建为基础。现在学术界将词块分为凝固结构(固定语和插入语)、半凝固结构(框架语词块、短语构造语词块、句子构造语词块)、自由结构(高频搭配组合),词块作为语言的半成品,结合了语法、语义和语境,这种整体性的预制板块,在使用时能够被直接提取,因而能在阅读中大大增强语言输入的效率,提高阅读流利度,从而进一步保证阅读的速度,所以在阅读教学中建构学生词块知识框架,培养学生的词块意识,是学生进行快速阅读的有效方法。

五、阅读课综合教学方法的运用

(一) 朗读训练法

阅读课的教学目标是培养学习者的阅读理解能力,阅读理解能力主要体现在阅读的速度与对阅读材料的理解程度两个方面。所以"理解即可,不必读出声来"和"朗读不利于阅读速度提高"的观点一直以来是部分学者所坚持的。那到底要不要在阅读课上进行朗读训练就成为一个重要问题。听说读写言语技能作为一个人言语技能的有机组成部分,是相互作用,相辅相成的,阅读能力的提高必然反映在语言表达能力上,语言表达的发展也必然以听、读输入量的大小为依托。众所周知,朗读能力与语言表达能力成正相关,进行朗读训练时,语音、分词、断句、语感、正确语句的准确输入都能够得到实现。汉语是一种重意合的语言,词与词之间没有间隔,在阅读练习中正确的词语划分影响着阅读理解的准确性,并且语块教学法已经被认为是一种成功的教学方法。而教师从初级阶段正确的朗读输入可以直接帮助学生积累大量的词块，自动扩大阅读视幅，培养良好的语感，从根本上促进阅读能力的提高。在中级阅读教学实践过程中有过这样的经验，学习者热爱阅读，并且已经具备 hsk4 级能力。她曾在课下多次要求老师对她进行课文带读，检查她的课文阅读。

在和她交流的过程中了解到一方面她认为自己的口语能力较弱，希望有更多的机会说正确的汉语；另一方面由于阅读课时间有限，老师不会对每一篇文章进行朗读训练和详细的讲解，导致很多文章的句子她不确定自己是否能够正确理解，可见这位学生已经注意到汉语语句中词语划分的正确与否直接决定句子的理解。而这个工作不能够求助于其他学生，毕竟其他学习者也不能够提供正确的、标准的阅读版本。在随后的初级汉语阅读课教学的经验中，又进一步验证了朗读训练的重要性。为了完成教学任务而在有限的时间内不断让学习者进行阅读与练习的模式会让学习者变得焦躁、烦闷。尤其是学生汉语水平参差不齐，较快的教学节奏会让一部分学生吃不消，而这时候适当的教师带读、跟读练习就是带动课堂教学的有效方法。在读中教师能够发现学生的语音、词语划分错误，帮助他们纠正；知道学生生词识记程度，掌握学生学习情况，而学生可以学习教师正确的发音和停顿，增强语感。并且短短的课堂教学只是学生进行阅读的小小一部分，课堂上的朗读训练是为了学生大量的课后阅读做准备。学生在课后阅读训练时肯定还是以默读为主的。所以从长远意义来看，朗读训练不仅不会减慢阅读速度，分散阅读注意力，而且会从根本上提高学习者阅读能力，甚至是语言能力。朗读训练并不是说所有的阅读材料都要这样进行，教师应该在备课过程中充分考量，一些时效性、科学性、内容性强的文章要如此进行，但对于一些以练习为主的练习短文，补充短文则不需要进行朗读训练，以免重点丢失，又陷入精读课的怪圈。

（二）造句训练法

刘惠清认为："阅读课一定要学习词语，并且词语教学不能只要求理解意义，必须让他们掌握词语的用法搭配。"造句训练法确实可以帮助我们检查学习者的学习效果，但它没有必要在阅读课上进行。阅读的过程就是对信息进行辨认、加工、处理的过程，而阅读课的目的就是通过复现大量的、不同于语境下的语言要素而理解并掌握信息，同时提高阅读速度和理解质量。所以说生词的复现和语境练习要比造句练习更重要。

基本词汇复现多、出现早，综合课系统讲授加上阅读中随文识词就可以掌握其基本用法和搭配，即使这个词有多个义项，也会因为在不同语境中的细化识记而尽早掌握，并且在语境中识记词语的意义，识记的程度更高。所以对于重点词语，教师可以在讲解的时候将词语放于一个场景中给出例句，但没有必要对生词进行过于详细的讲解，更没有必要进行造句练习。首先通过造句练习，教师很难检测到所有人的生词掌握情况，并且造句花费时间较多，把每一篇文章中涉及的重点词语都检查一下，那这节阅读课的教学目标就没有办法达到。阅读的目的是理解语言知识、习得目的语文化和掌握阅读技能，不单单是复习和巩固语言知识。每一个词语会在语言材料中得到多次的重现，在语境中学习词语搭配，体会正确的词语运用比在阅读课上花时间进行造句训练更具有现实意义。

第五节　汉语写作技能教学

一、汉语国际教育中的写作教学

（一）汉语国际教育写作教学的特点

汉语国际教育中的写作，不同于中学语文课的写作，后者的写作主体是母语为汉语的中学生，他们已经能够熟练地使用汉语进行书面表达，语文写作课遇到的难题是学生无话可写，或驾驭书面语言的能力还有待提升。

而汉语国际教育写作课的写作主体是母语非汉语的留学生，他们写作最大的难题是不能熟练地使用汉语这门语言，他们写作的第一步是用母语进行构思、成文，再将母语翻译成汉语输出。因此，这种写作课的教学难点和重点就集中在如何引导留学生直接使用汉语构思、成文，并且使其作文中的词语、句子等都要符合汉语的语法规则。

汉语写作的基础是能够正确地使用汉语的进行表达，因此在汉语国际教育写作教学初级阶段的课程中，又以记叙文写作教学为主，引导学生从遣词造句到连句成段，从段落到篇章，最后才能成功完成一篇汉语作文。

（二）汉语写作教学方法

前人在对留学生的汉语写作教学中进行了大量实践，使用了"结果法""体裁教学法""任务教学法""控制法""语段形式法""交际法""翻译法""过程法"等教学方法。

在对留学生的汉语写作教学中主要结合了过程教学法（以下简称"过程法"）

和任务教学法（以下简称"任务法"）的经验进行实践。以下将对教学方法进行介绍。

"过程法"的基本原则为：充分调动学生的思维能力和表达能力；把写作过程分成几个阶段，通过同学之间、师生之间的交流活动，全程关注学生写作的每一个步骤，从而达到训练学生写作技巧的目的。

所谓任务教学，说的是教学人员在教授过程中，通过向学习者布置一定的任务来进行教学，在学习者完成任务中，他们可以通过参与、体验、互动、交流、合作等方式，把自身的认知的能力发挥出来，结合其已有的语言，在学习中感知、认识、应用刚学习的新语言。这种教学的理念是较为先进的，也是有效的和可以借鉴的。

教学人员在教授时，按照确定好的交际和语言的主题，参考学习者的实际情况，设计出具体的，适用的教学课程，学习者也通过表达、沟通、解释、询问等方式，来进行学习，提升自己的语言能力。任务型教学法是在综合之前的各类教学方法的基础上形成的，因而与其他方法并不矛盾，可以有效结合起来进行教学。

通过联系实际的教学实践，将对留学生的汉语写作教学分成四个阶段进行，并在每一个阶段都设计出适合留学生学习汉语写作的任务。

1.汉语写作前的准备

汉语写作课之前，教师根据留学生的学习现状进行写作任务的布置，留学生根据教师布置的任务，在课下有目的地检索、阅读和当前任务相关的文章资料，并进行摘抄、记录，尽可能多的搜集素材，将自己的观点和内容进行初步构思，打好腹稿。汉语写作课上，教师组织学生围绕写作任务进行讨论，学生们互相听取各自的想法、构思，进一步激发写作灵感，为开始写作奠定基础。

这一阶段可以由教师准备好适量的、有针对性的阅读材料，提供给学生，材料选择不能过于狭隘，不仅要阅读和将写话题相关的典范文章，还应该包括和话题相关的其他语言材料，例如优美的语句以及搭配恰当的词语。

2.汉语写作初稿的完成

留学生经过了课堂讨论的环节，对所选择的素材进行了筛选，只留下理想的素材，进一步整理成详细提纲，根据素材和提纲完成初稿。作文初稿写作阶段对留学生的选词用句没有特别严格的要求，重点是关注缩写作文的内容和结构安排。

这一阶段，教师对学生的适当地引导和帮助可以避免学生在写作过程中产生无助感，当学生文思受阻的时候教师可以适当加以引导提示，或者当学生困于某一措辞而无法继续写作的时候，教师可以指导他选择适合的词语，待其写作结束再引导其学习该词语的用法。这样做的目的是保证学生写作思维的连续性，也有益于增加他们写作过程中主动学习的积极性。

3. 汉语写作文稿的修改

这一阶段，教师可以组织学生参与他人文稿的修改。例如，学生之间互相交换初稿，阅读并找出其中的问题，进行批阅，目的是让学生在对别人文章进行修改的同时，提高对方文章的质量和自己的鉴别及写作能力。学生间完成互批后，再由教师介入，对学生批阅过的文稿提出参考意见；最后，文稿的写作者根据同学、老师的意见，修改文章。

最后修改完的文稿再由老师逐一批阅，提出修改意见，这一阶段的修改包括了词语的使用、语法偏误等，并进行整理，将学生共同的问题在课堂上统一指出说明。

4. 汉语写作文稿编辑

学生根据教师的批改意见，对自己的习作再一次进行修改、扩充，直至写成定稿。

通过将汉语写作分阶段进行并给每一阶段布置任务，使学生写作从被动变为主动，主动阅读、主动搜集资料、主动说出构思、主动对同学的文稿提出修改意见。而且，这种教学方法促进了学生间的"互动学习"，在给他人提意见的同时提升自己的阅读、写作水平。教师和学生间共同协作完成的写作任务，让学生写作遇到困难时不再无助，每一阶段都有教师和其他学生的帮助，使汉语写作变得轻松起来，学生也不再用逃避的态度面对汉语写作课程。

二、汉语写作课教学的现状

（一）汉语写作课存在的问题

1. 教师方面存在的问题

（1）教学方法比较单一

在对外汉语写作课上，单纯地练习学生"写"的技能是不可行的，应该"听""说"以及"写"相结合，在"写"的过程中融入"听"和"说"。这样学生才能全面发展，不会为了"写"而"写"。在辅助性教学手段的选择以及使用上，教师们的观点也不同。有的教师认为使用多媒体等教学手段会减少必要的板书，降低留学生的学习效率。但是有的教师认为应该多使用多媒体等技术手段辅助写作教学，这样既可以发挥教师在课堂教学中的灵活性优势，又可以发挥网络资源的丰富性，来增强对外汉语写作教学中的趣味性、交际性，最终有效提高学生的写作水平。

（2）教学内容较少关注写作交际性

问卷的调查结果显示，虽然教师会布置一些教材外的作文题目，但是教材上的材料与课外材料的使用比例严重失衡。据了解调查，课外材料仅占整个学习材料的15%左右。教材上的教学材料具有滞后性，并且在几年内不会发生变化，对学生而言缺少吸引力，会导致学生产生畏学和厌学心理。教师在教授写作时没有意识到写作也是一种交际的形式，只是作为对外汉语课程中的一部分，不注重写作的交际作用。没有让学生体会到"学以致用"的乐趣和使学生从内心接受写作教学，喜欢写作。而且现在写作教学中出现了被HSK考试牵着走的现象，学生学习写作只为了在HSK考试写作部分中取得好成绩。所以在有些写作课堂教学中，只是围绕HSK考试，这样就缩小了写作课的教学培养要求。

2．学生方面存在的问题

（1）使用汉语思维的习惯尚未养成

在对外汉语写作的教学过程中，我们经常可以发现这样一种现象，学生首先根据题目的要求，用母语进行构思和填充内容，再进行母语和汉语之间的相互转换。这样很多在母语中特有的用语表达习惯和思维方式带到汉语中来，学生用母语转换过来的文章，经常会发现语段之间衔接不连贯，因为汉语学习者在初期汉语知识相对比较薄弱，学生没有适应使用汉语思维。但是对中高级汉语水平学习者来说，就不能再依靠此方法进行写作，这样即使以后汉语水平提高了，也不利于汉语思维的培养。所以学生缺乏汉语的思维能力是对外汉语写作中存在的首要问题。

（2）词汇使用不恰当，基本语法运用不熟练

很多学生认为自己在写作过程中经常出现动词、名词以及句式等运用不恰当的现象，而且留学生经常会在看到题目后，心中知道写什么但是写不出来，这是由于汉语词汇不丰富导致的。留学生生活的环境大多数与中国的环境不同，不太了解中国的文化背景，经常不知道用什么词语来表达心中的意思或者经常会出现词不达意的现象。留学生的语法大多不熟练，容易受母语的影响，并且

在汉语学习的过程中语法掌握不熟练，而且没有及时巩固，导致在汉语写作的时候产生误用的现象，使文章不能表达预期的意思。

段落内部以及段落之间的结构松散，衔接不紧密。这样会导致内容和题目缺乏统一性和一致性，容易导致文章出现多个中心思想，读起来平淡无味，不知所云。

（3）作文中口语体倾向严重

留学生在写作中最常见的错误就是文章中的口语体倾向严重，经常会出现大量不应出现在写作中的口语体表达方式。在写作中，要求留学生使用书面语进行书写，所以书面语也就成为留学生写作的一个瓶颈。不管是在写作教材中还是教师在教授写作课时，书面语都不是教学的重点，但是在学生写作中对书面语的要求比较高，是学生写出优秀文章的关键。所以留学生在写作中出现的口语体倾向应该引起重视和关注。

（4）自主练习不足

问卷调查结果显示，除了在写作课上进行写作以及完成教师布置的作业之外，极少数学生选择了偶尔会主动练习写作，大多数学生选择基本不会主动练习写作。笔者利用课余的时间做了一个访谈，采访了十个外国留学生，询问他们是否有用汉语写日记或微博、QQ 的习惯。结果是七个外国留学生有写日记或微博、QQ 的习惯，但是只有四名学生经常会用汉语写日记或微博以及 QQ，其他三名学生都是用自己的母语来写。写作课的教学目的是培养学生运用正确的汉语思维进行写作，提高学生的写作水平，仅仅靠课堂上的时间是远远不够的。所以学生自主练习不足也是汉语写作中存在的问题之一。学生要想能够书写完整规范的汉语书面语文章，不仅要有效利用课上的时间，也要重视在课下和平时的功夫，所以学生一定要注重自主练习。

（5）学生对汉语写作课不够重视

大多数学生认为开设写作课没有必要以及因为学校开设而不得不学，很少有学生是因为对写作有兴趣才学习写作的。出现此现象的原因就是学生对写作以及写作课缺乏重视，没有从内心真正接受写作课，导致了学生一直是在被动地学习写作。学生的学习目标不同，有的学生学习汉语只是为了在口语方面进行良好的沟通，所以这些学生往往重视听、读以及说能力的培养，忽视写作方面，这样的学生进入了中高级阶段，开始学习写作课之后，就出现了作文口语化严重的问题。学生不能把口语和书面语进行较好的转换，导致即使学生的口语表达很好，汉语水平很高，能够进行良好的汉语交流，但是也不一定能够写好作文。

在上写作课时，教师应该及时让学生明确口语和书面语的区别，在写作时避免出现口语化的现象。还有一些中高级汉语水平的留学生甚至连请假条都写不了，更不用说写论文了。学生们认为汉语写作对于学习汉语是无足轻重的，这样的想法与写作课的教学目的是不相符的。教师在教授写作课的时候，没有及时让学生理解写作课的教学意义，导致学生未能通过写作课的学习达到预期的教学效果。写作是一门综合的实践课程，只有把各个方面都协调好，才能培养良好的写作能力。

3．教材方面存在的问题

（1）教材不符合学生学习的实际需要

有的教材虽然内容丰富，但是不符合课堂教学的实际需求，课时以及内容比例不符合实际的教学情况，导致教材与教学脱轨，达不到教材的编写理念和教学目标，使得教材失去作用。

（2）教材总体数量不足，更新速度慢

现有的写作教材数量虽然有一定发展，但是更新速度还是落后于对外汉语其他课程的教材，教材总体数量也不够。虽说近几年来也有不少对外汉语写作教材的问世，但是单从数量来说，并没有像听、说、读其他技能课程一样涌现出大量的相关配套教材，编写以及出版的速度和成书的质量也没有明显提高。对外汉语写作教材的发展具有相对滞后性，不能在内容和形式等方面及时更新，与正在迅猛发展的对外汉语教学事业和大量出版的对外汉语教材的现状是极其不协调的。因此，从对外汉语写作教材可供选择的角度来讲，其空间还是相对较小的。

（3）教材内容枯燥无味，范文脱离实际

在现有的教材中大多是主要介绍写作方法和写作技巧，参照大量的汉语写作的一些教学模式，对学生而言缺乏吸引力，不能激起学生的写作动机。再有教材中选择的范文严重脱离学生的实际生活，学生理解起来费劲，而且也不感兴趣，是为了学而学，严重影响学生的学习效率，这样长时间积累会使学生产生畏学、厌学的情绪。再有范文在教材中虽然占的篇幅比较大，但它们只是为需要讲解知识点提供例子，与后面的语言练习基本不相关，如李增吉主编的《汉语中级写作教程》（2009 年，北京大学出版社）。

（4）教材难度把握不当

教材难度把握不当表现在范文的难度把握不当，范文的长短不合适、生词过多或者过偏以及范文的句子不易理解等方面。范文的长度过长会使学生读到一半就不爱读了，产生厌烦的情绪。范文中的生词过多以及句子中的语法过难，并且高于学生应有的水平太多的话，会混淆写作课的重点，把教学重点转移到了对生词和语法讲解上来，这样容易把写作课变成综合课。例如，祝秉耀主编《留学生写作指导》（1997 年，华语教学出版社）中有大量的范文，范文比较长，而且范文中的句子也不易被学生所理解。

（5）教材使用率较低

通过问卷调查了解到，大部分学生只有在写作课上使用教材中的练习的时候，才会用到教材。只有小部分学生会做到课前预习和课后复习，一部分原因是因为学生还没有对汉语写作课引起足够的重视，另一部分原因是教材内容缺乏实用性。

（二）汉语写作课问题产生的原因

1. 写作课"难学"的思维定式使学生产生畏难情绪

写作课一直被学生认为"难学"的一门课程，由于此种思维定式已经在学生心里形成了阴影，所以他们在学习写作的时候已经产生了畏惧的情绪，影响了写作教学的贯彻实施。学生在上写作课的时候，缺少自信心，认为自己写不出来或者写不好文章。这就需要学生自己和教师相互配合积极调整心态，克服畏惧心理，通过不断积累知识增强写作信心。

2. 母语写作给汉语写作带来的"负迁移"

留学生在汉语写作的时候不知不觉地受到母语的影响。母语的一些思维方式、表达习惯以及文化背景都在一定程度上和汉语有所区别，所以当学生还固守母语的思维模式和表达习惯时，写出来的文章就会不被人接受和认可。所以在学习汉语的初始阶段，教师就应该有意识地纠正学生的错误思维，培养学生的汉语思维能力，引导他们形成正确运用汉语写作的观念。在此问题上，教师不能强迫学生完全顺应汉语，也不用强调母语经验的负迁移。其实，学生的母语写作经验也可以为汉语的写作来服务，这也是一种有效的借鉴方式。这就要求教师在教学过程中，因生制宜、因材施教，在教学中鼓励学生优良表现，也要对学生的负迁移及时给予指正。在英语中愉快的和幸福的都可以翻译为 happy，所以以英语为母语的外国留学生在用母语构思用到 happy 翻译到汉语来的时候，不分语境全都翻译为"快乐的"或"幸福的"。例如：有些留学生会说生日幸福，这是由于在英语中经常说 Happy Birthday! happy 也有幸福的意思。

正确的说法是"生日快乐"，这是汉语中的固定说法。

3. 有关写作的理论研究不够深入

关于汉语教学方面的研究成果已初具规模，但是关于写作方面的理论和研究还是比较薄弱和滞后。前文已经总结了关于对外汉语写作教学方法、偏误分析、策略、教材以及作文批改方面的理论研究，但是这些还是远远不够的。汉语作为第二语言进行教学，应当在写作教学中运用何种理论做支撑以及在写作教学中如何实施？这些都需要进一步做详尽明了的研究。

三、汉语写作教学的策略探讨

（一）综合的汉语写作教学策略

1. 注重字词训练

（1）字词训练内容

留学生虽然已经学了几年的汉语，有了一定的汉语基础，但是他们的作文中还是会出现许多字词层面上的问题，而且他们的词汇量有限，影响了作文的水平。在字词训练阶段中，要为以后提高汉语水平打好基础。根据考察语料的偏误现象，在此训练阶段应该把重点放在篇章写作的常用的基础字与词汇上，如同音异形字、形近字、常用的关联词，并注意区分同义词。在字的教学初始阶段，应该适当的预测学生会有哪些字出现书写困难，容易产生偏误。字词阶段的训练内容不能只限于字形，还应该注重字音和字义的训练，为培养写作的综合能力做准备。

（2）字词的训练策略

第一，最基本的策略是抄写、默写、听写字和词语。学生在抄写，默写和听写的时候，要用心去体会这些基本训练方法的意义，不能为了写而写，要注意偏误较高的字、词。第二，词语填空和选择练习。填空练习是为了巩固新词语的学习，目的是让学生加深对词语的印象，此类题型一般是用本章所学的生词填空。选择练习主要是针对留学生近义词选择偏误和搭配不当的问题，此类题型是让学生根据句子中给出的具体语境，在备选答案中找到最合适的词语填到短语或句子中的空白处。

2．加强句法训练

（1）句法训练内容

通过字词的训练之后，积累了一些字词以及一定量的语法知识，这时就可以加强句法的练习，如句子的结构、句序的训练，指导学生写出正确的句子。首先需要由教师教授学生一些常用句型，并进行一些常用句型的互相转换，为以后语段写作和篇章写作打下基础。

（2）句法的训练策略

第一，模仿造句。根据例句的句式让学生模仿写出另一个句子。这种方法可以增加学生对句型句式的熟悉程度，以便能够对句型进行更好地掌握和运用。在此运用此方法时应该注意句子和学生的实际生活紧密相连，这样方便学生结合实际造句，这样的句子才会有实践意义，也会有利于以后的语段写作。

第二，扩展句子。由教师给出一个句子中的短语或一部分，学生在此基础上进行扩展的练习。比如教师给出"灵巧的双手"，由学生来丰富句子内容。学生首先想到是谁的手，这双手为什么灵巧，做了什么，等等。在学生没有思路的时候，教师可以加以引导，这样达到了句子扩展的目的，学生能表达出来的信息也就会越来越多。

第三，修改句子语病。学生经常会在句子层面犯一些错误，但是他们也没有意识到这些问题。运用此方法进行训练的目的就是希望把学生没有意识到的错误改正过来。教师给出一个病句，如"我一次五年前来过，那时还是这里破旧的房屋，已经现在变成高楼了"。首先要学生多读几遍句子，利用语感整体感知，再具体分析句子中的每个部分。

第四，句式转换。这类方法是针对一个普通句式的句子，把它改写为"把"字句和"被"字句等，这样就可以使学生在表达方式上灵活的掌握。教师应给出一个普通句式，让学生自行思考，转换出尽量多的其他句式，但是得在正确的基础之上。

3．强化语段训练

（1）语段训练内容

语段，也可以称作为句群，是由两个以上的句子组成在一起的。语段会围绕一个小主题，把几个句子用连接手段组合在一起。语段写作训练是篇章写作训练的基础，在进行篇章写作训练之前，首先进行语段写作训练。在分析文章的语病时，也要注意语段内部以及语段与语段之间的逻辑关系。从留学生的习作上来看，语段中每个句子的问题不大，但是读起来不够连贯，往往前言不搭后语，所以对学生进行语段写作训练是至关重要的。语段写作训练内容重点是关联词的运用和逻辑思维能力的培养。

（2）语段训练策略

第一，句子合并。把几个句子的顺序打乱让学生按照一定的逻辑关系重新将句子进行排列，或是让学生运用各种技巧将几个零散的句子组织在成一个语段。

第二，模仿语段写作。给出语段的结构形式，请学生按照语段的结构和用上语段中特定的词语，进行写作。限制了学生语段写作的结构格式和词语，避免学生不知道怎么写和写什么。

第三，扩展语段。在题目中给出几个观点，让学生选择感兴趣的观点谈谈是 否赞成或反对，并说出原因。

4. 重视篇章训练

（1）篇章训练内容

对学生的语篇表达能力进行培养是写作的教学宗旨所在，文章由语段到成篇，这样才形成一个完整的文章,达到写作的最终目的。篇章不是简单的字、词语、句子以及语段的堆砌垒积。一个语篇围绕着一个中心，篇章中语段和语段之间的都需遵循一定的逻辑关系，要有内在的层次结构，这样才是一篇衔接自然，语义连贯的文章。篇章结构训练着重培养学生对文章的建构意识，让学生能自主写出主题明确，结构清晰的文章来。

（2）篇章训练策略

第一，看图完成作文。让学生根据一幅图片完成作文，学生可以通过联想和想象进行填充内容。此类题型有较大的开放性，可以让学生有一定的自行发挥的能力，有利于促进学生观察力，想象力，思考力以及写作能力等多种能力的发展。第二，自由写作，无限定题目和文体。这类方法是完全对学生开放，学生可以根据自己的需要、兴趣、心情自由写作，使学生没有压力，这样更能写出与学生实际生活接近的文章，体现学生的真实写作水平。这类文章可以是日记、记叙文、说明文、随笔等，也促进了学生多文体的写作训练。

（二）从不同角度给出的写作教学策略

1. 从教师角度

（1）重视学生课下的训练

对外汉语写作能力的培养不是一朝一夕的，光靠写作课上有限的几十分钟是完全不够的，写作的功夫是在平时和课下的。所以在课上的时候要灌输学生在课下积极进行写作训练的意识，增加学生的自主练习，使学生在内心对提高自己的写作能力产生迫切的愿望。

（2）练习数量、难度适中，方式多样

教师不仅要注重课上几十分钟的知识技能传授和练习，也要仔细斟酌给学生准备的习题的数量和难度。数量太多和太难会打消学生完成作业和练习写作的积极性和欲望，所以教师要在练习的数量、难度上做好功夫。还有就是教师准备练习时要注意练习方式的多样化，这样也减少学生的疲倦感。学生完成作业后，教师也应该注重对学生作业的批改。首先批改要及时，学生通过反馈可以了解自己写作问题的所在，以便自己可以随时调整学习策略。教师也通过反馈能够对学生当前的学习情况有所了解，以便调整下次上课的教学内容和教学策略。

（3）正确把握和使用教材

①把握教材的重点和难点。教师作为学生学习的引导者，应当提前对教材有全面和深入地把握，对教材和课程标准中的重点和难点做到心中有数。教师除了对教材和对外汉语写作课程要有深入的了解外，还应该对学生的水平进行了解。在对学生水平深入了解的基础上，把学生、教材和教师有机结合起来。第一，结合教材的重点和难点，正确预测对学生难写和容易写错的字词，对学生不易理解的词语进行讲解，这样可以减少学生在写作时字和词语产生的偏误。语法上的难点和重点要结合教材上的讲解与练习，让学生充分掌握语法中的知识，这样在句子以及段落中就可以减少偏误的产生。第二，让学生了解清楚教材的重点难点，有利于学生自己掌握容易产生偏误 的知识点，可以有意识地进行预防。

②把握教材内容的循序渐进原则。对外汉语写作教材内容的循序渐进原则体现在文章体裁和词汇、语法以及背景知识两个方面。文章体裁的循序渐进原则体现在一般都是记叙文、应用文、说明文以及议论文的顺序。词汇、语法以及背景知识等循序渐进的安排也体现了学生的认知顺序，有利于学生对知识的

掌握，只要学生扎实地学习，就会减少偏误的产生。有些教师没有考虑到这一原则对学生的影响，在学生学习的初始阶段就考察学生的综合能力，使学生失去了学习的信心和兴趣。所以教师应正确把握教材中这一原则，由易到难，逐渐深入，让学生能更好地接受和学习。

（4）注重写作思路引导

所谓写作思路的引导，即教师在学生进行指令性的写作任务之前在写作思路上给予的引导。在学生写作之前，对学生进行写作思路的引导会使学生对写作题目有着更准确和深层地理解。但是教师也要注重引导的方式方法，如果方法不得当，会使效果适得其反，只有引导的方法符合学生的实际情况，学生写作练习的效果才会更好。教师在进行写作思路引导的时候，需放正自己的位置，对写作的引导要适当，过度引导会使学生写来的东西千篇一律。鼓励学生个性的张扬，世界上找不出相同的两片树叶，不同的人想到的东西也不同。给学生最大程度的鼓励，对学生的要求不可太窄，还要教他们打开想象的空间。

（5）确定正确的作文评分标准

教师在评改时可以依据 HSK 大纲中的作文评分标准，这样避免了教师在评判学生的习作时的盲目性，也会使评分的效度有所提高。一直在强调写作评价的重点在于语言水平层面，基本上改正的是一些语义上的错误和影响文章表达的典型的错误，例如语序、特殊句式等，这是由于学生的基础知识没有掌握扎实，而且学生自己发现不了这些错误。但是文章内容也是评判标准的重要项目之一，内容标准在作文评价中的地位是不容忽视的。所以教师在评改时眼光不能局限于语言水平层面，也要注意文章的内容层面。教师评改作文是一项创造性的教学活动，首先批改要遵循文章的原意，其次批改要照顾原文的表达方式，如果有些地方可以不改的话就尽量不改，以免需要改动的地方太多打消学生学习写作的积极性。

（6）正确处理写作教学实践与 HSK 考试的关系

在对外汉语写作教学中存在着教学被 HSK 考试"牵着走"的现象，把提高HSK 考试成绩作为写作教学的唯一或者主要目标。这种做法严重违背了对留学生培养方案中的关于写作的培养目标，这样不利于学生写作能力的培养和写作水平的提高，所以教师在对外汉语教学的时候要注意正确处理写作教学实践与HSK 考试的关系，可以适当提及 HSK 考试的要求以及题型但不能被 HSK 考试"牵着走"。

2.从学生角度

（1）加强自主练习

对外汉语写作能力的培养不仅要靠教师良好的教学策略，更要靠留学生自己的努力。留学生自己除了在课上要认真学习和配合老师做练习之外，平时也要写日记、记随想或者用汉语在微博和 QQ 上进行更新，这样不但能抒发和记录自己的心情、结交朋友又提高了自己的汉语水平，久而久之养成习惯，经过一段时间的积累，就会发现这种方式非常有助于学生汉语水平的提高。留学生还可以读一些优秀的文章和背诵一些名篇等，这样也会加强汉语的语感或者记住一些文章的基础结构等，都会有利于留学生写作水平的提高。

（2）培养汉语思维

在汉语思维培养方面，不但需要教师在教学方法、教学内容等方面进行精心的安排之外，学生在平时和课上以及写作的时候都要注意。学生需要在写作的过程中尽量抛弃自己的母语，直接用汉语的思维方式来构思和填充内容，这样就省去了转换语言的过程，也就减少了母语的负迁移。

（3）及时修改文章

留学生不管是在课上还是在课下完成习作之后，教师都要批改学生的作文，在教师对留学生的作文进行批改之后，学生也应该及时对教师评改过的作业做出了解和改正，这样才能再下回写作的时候避免同类错误的发生。如果教师批改过的作业发给学生之后，学生连看都不看就放在了一边，那就等于错误会一直存在，学生写的作业也就没有太大的意义了。所以学生要认真对待教师评改过后的文章，这样既尊重了老师的劳动成果，也提高了自己的写作水平。

第五章　后疫情时代的对外汉语线上教学

新型冠状病毒疫情期间，传统的教育模式已经无法正常实施，网络教学逐步登上了对外汉语教学的舞台，随着互联网技术的普及，网络教学和对外汉语逐步建立了密切的联系，成了连接各国留学生与汉语教师的桥梁，随之而来的是教学方法、教材、教学理念等的变化。本章分为对外汉语线上教学平台的现状分析、疫情之下对外汉语线上教学的组织与试试、后疫情时代对外汉语教学的思考与转变三部分。主要内容包括：对外汉语线上教学的发展历史、对外汉语线上教学平台的优势、对外汉语线上教学平台的发展现状、对外汉语线上教学平台的发展趋势等方面。

第一节　对外汉语线上教学平台的现状分析

一、对外汉语线上教学的发展历史

线上汉语教学就教学技术手段而言，自 20 世纪 60 年代的计算机辅助教学（CAI，Computer Assisted Instruction）发展而来，是其网络化的产物。从教学方式而言，又是远程教学在当代发展的最新阶段。远程教学经历了三个发展阶段。初期阶段为传统的远程教学，可以追溯到 19 世纪 40 年代的欧洲通讯课程，即函授课程；第二阶段为 20 世纪 30 年代的"广播电视教育时代"，即凭借广播电视技术为主要媒体进行远程教学；20 世纪 80 年代后，远程教育开始进入第三阶段，转入以计算机网络为中心，集计算机多媒体技术于一身的综合教学模式，从而以其信息流量大、信息质量高、便捷性强、交互性好等特点而显示出广阔的前景。随着远程教育技术的不断发展，越来越多的学者认识到了网络汉语教学的巨大优势，开始探索与研究将对外汉语教学与远程教育相结合的方式。孟樊杰（2010）认为在汉语国际推广的新形势下，传统的对外汉语教学模式将无法满足新时期汉语国际推广的需求，并指出对外汉语学界应转变教学观念：在面授教学的同时，也可以依托高速发展的互联网来开展对外汉语网络教学。张和生、洪芸（2001）认为基于互联网的远程教育必然会影响到对外汉语教学，他们探讨了网络对于对外汉语教学发展而言的优势与局限，提出了设计对外汉语教学网站课件的原则。郑通涛（2004）认为建立相关的对外汉语网络教学平台，有利于国家推广汉语言文化的长远规划的实施，同时也有利于满足当下日益增长的对外汉语教学需求。闫亚矛（2007）认为在如今信息高速发展的时代，基于网络的对外汉语教学必然会成为对外汉语教学的重要手段之一。

以上学者的研究说明线上对外汉语教学优势明显、前景广阔，是传统线下对外汉语教学的有效补充，也能够促进汉语和中华文化在世界范围内的推广。

二、对外汉语线上教学平台的优势

随着时代的进步，经济和科技的发展突飞猛进，对外汉语网络教学平台的出现是顺应时代发展的产物，即使现状不甚理想，但与传统课堂相比，它仍然拥有着自身的优势。

（一）便利化

在全球互联网的 21 世纪，拥有网络就可以学习汉语无疑是省时省力的绝佳方法。对外汉语教学平台的出现和发展，一方面可以极大程度地缩小学习者的地域限制——无论学习者身处何处都可以完成学习任务。另一方面，也省去了路程上的颠簸，更大程度地节约了学习者的时间，一定程度上让学习者的学习时间更自主化——无论何时学习者都可以继续自己的学习进度，从而满足各种不同需求的人群。再者，目前网络几乎普及，学习资源网络化可以让学生随时随地开始学习汉语，无论是"听课"，还是运用网络资料库自习，都更加便利，不必随身携带大量的工具书或教材，让学习者充分地利用"碎片时间"去学习汉语。

（二）经济性

相比而言，网络"一对一"课程比现实"一对一"课程更便宜，按一节课 55 分钟计算，网络课程一般的课时费在 20 ～ 45 元，面对面课程一般的课时费在 50 元左右。并且网络课程在某种程度上省去了路费。而非实时授课只需要教师录制好视频，就可以重复使用，更是节约了成本。另一方面，网络教学的教材基本上以电子版为主，如此便节省了纸质教材的印刷、搬运、储存及处理成本。

（三）师生互动性增强

对外汉语教学属于语言教学的范畴，强调教师与学生的互动，网络课堂是动态的教与学的过程，它提供了多种教学互动方式，不仅有学生与教师的互动，而且还有学生与课程内容的互动、与媒体的互动、与学习伙伴的互动，还可以随时随地提问、留言，遇到不会、不懂的问题直接向教师请教或者在留言板留言，这样，已经掌握知识点的同学，能够帮助解答并传授学习方法。能使学生对学习的内容更加便于掌握，学习的氛围更加活泼，学习的热情更加高涨，最终能够达到理想的学习效果。

（四）学习途径的增多

留学生可以预先观看教师的教学资料，资料不仅包括视频课，还有 PPT、电子版的教科书等，学生获取知识的方式增多了，知识的含量增加了，得到了无限延展。如果留学生在课堂上感觉学习内容难以理解，除了可以直接向老师提问，还可以及时上网查找答案，网络的超大容量，可以满足不同学生的学习需求。学生在对上课教师产生审美疲劳后，教师还可以在网络上搜寻名师的视频课，引用到网络课堂教学上来，更能吸引学生的注意力，这在传统的课堂上是很难做到的。

（五）学习方式的灵活

老师只需要把学习的内容提前布置到网上，学生可以任意选择时段学习，有更多时间把学习内容延展开来，进行讨论和实践。认知水平落后的同学，将得到更多的时间去复习学习过的知识，可以反复练习，以期掌握我们学习过程中的每一个知识点，可以根据自己的学习能力和认知能力选择学习方式和学习时间，使学习更具灵活性，有效提高留学生的学习兴趣。

（六）教学内容与时俱进

虽然网络教学平台在教学课程和教学模式上缺乏灵活度，不能像传统学校那样随时调整教学课程和教学模式，但在教学内容上却可以做到最及时的更新。传统课堂的教材编写、排版、印刷、出版成本比较高，因此很难及时更新，教材内容往往脱离实际，从而降低了学习者的学习热情，也无法让学习汉语与生活相结合。而为了适应社会环境的变化，重新编写的教材的出现往往意味着上一批教材的废弃，造成纸质的浪费，且大量的教材、光碟的存放对于学校而言也是极大的负担。

相反网络教学平台却可以节省纸质的浪费和印刷存放的成本，并且能够利用现代教育技术更加便利地更新电子教材，再加上一个合理的资源库（搭配教学内容汇总一些电影、音乐、新闻等资源），可以让教学内容始终与时俱进，保证教学内容的生活化、趣味化、系统化、实用性、针对性、普及性和直观性。

（七）方便学生回顾知识点

传统的汉语教学十分依赖课上时间，但学生在课堂上学习的知识点在达到内化之前很容易遗忘。根据艾宾浩斯遗忘曲线记录，学生在初次记忆后如果没有及时进行知识点的复习和巩固训练，那么这些知识点在六天后就所剩无几。语言类的学习不只是简单的规则记忆，合理的操练能帮助学生迅速达到自动化阶段。网络教学的录播功能就为学生复习知识点提供了便利条件。教师可以将教学视频按照知识点进行分类，方便学生课后查找反复学习。

（八）培养学生自主学习能力

现如今自主学习能力已成为适应社会的必备素质，在传统教学中，学生很难实现真正意义上的自主探究学习，只能一味地接受老师灌输的知识，而在网络教学中，学生可以自主查阅信息、收集信息、分析问题、解决问题，培养学生掌握自主学习能力，从而把学生培养成终身学习的人才，这在教育领域中是十分倡导的，能够挖掘学生的潜能和提升学生的素质。

（九）教师资源和教学资料最大化

目前世界上学习汉语的人超过千万，而合格的汉语教师数量却不足以满足学习者的需求，尤其是在国外，对外汉语教师的缺口之大严重影响了学习者的热情和进度，而优秀的教师更是凤毛麟角。即使汉办每年送出大量的志愿者和在职教师，也很难解决这个客观的现状。现在，通过网络教学平台的搭建，充分利用网络的便捷性将教师集中在一起，就可以使教师不必出远门也可以发挥自己优秀的教学方法。除了"线上授课"外，利用网络教室资源库，创建系统的优秀的教学课件，整合教学资料，让身处每个角落的学习者都可以跟随优秀的教师学习汉语，并且形成统一的、规范的教学步骤，某种程度上更是实现了教师资源和教学资料的最大化。最后，针对教学方法的研究在传统课堂上只能局限于一定的范围内，耗时耗力却得不到最高的效益，但是如果搭建一个拥有完善功能的网络平台，利用云共享，完全可以应用现代教育技术对教材、学习者、教师、语言点等的各种变量进行统计、分析和研究。更好地全方面地把握对外汉语教学在全球的发展变化趋势。

三、对外汉语线上教学平台的发展现状

除了认识到线上对外汉语教学的巨大优势和重要性之外，很多学者对线上对外汉语教学平台的发展现状展开了研究，这其中既包括对线上对外汉语教学平台的建设方面的现状研究，也包括对现有的线上对外汉语教学资源的现状研究。在线上对外汉语教学平台的建设方面，北京语言大学徐娟、张普（1999）从技术角度较全面地介绍了通过互联网进行远程对外汉语教育的技术和要求并且指出了构建在线对外汉语教学平台的重要意义。李新颖（2012）通过对几个较大且较出名的网站的调查，分析了国内对外汉语教学平台的现状，整理了有关好的网络教学平台应具备的几条要素，并且罗列出了网络教学平台构建的原则和平台的运营研究，包括平台市场推广策略、平台内容组成、平台资源保障及成本控制方法等。马蕊（2016）着重分析了国内对外汉语网络教学平台构建和应用的难点，并从网站模式、教学模式、软件设计、课程设置、网页设计、教材设计、辅助板块等方面，构建出一个完善有效的对外汉语网络教学平台，具有一定的创新性。吕金伟、张丽维（2017）结合"互联网＋"时代汉语国际推广的需求，基于对现有汉语在线互动教学平台多方比较，深入考察和分析其平台设计、教学设计及运营推广模式等，并指出现有汉语国际教育在线互动教学平台建设及发展存在的问题，为基于"互联网＋"的汉语国际教育研究及应用提供了启示和参考。现代信息技术是线上汉语教育的载体。不少学者注意到了网络汉语学习平台构建的重要性，也提出了自己的一些具有建设性的意见。但由于各大平台自身的因素和他们所面对的市场各不相同，因此很难有放之四海而皆准的平台模式。在对外汉语网络教学平台的教学资源方面，徐娟、袁志方、谷虹（1999）通过对在线平台主要站点的对比研究与综合评价，将其分为综合类、速成类、辅助类、文化类、工具类五类站点。综合类站点一般全面、系统地介绍汉语知识的站点，内容广泛，结构完整；速成类站点一般仅针对某一科目或领域进行专门训练，以达到短期完成学习任务的目的；辅助类站点一般服务于正规课堂教学，在传统面授的基础之上，通过在因特网上提供辅助学习资料来进一步帮助学生学习汉语；工具类站点则包括学习工具、网络图书馆、站点指南等。刘丽（2008）对互联网上"综合信息""网上教学""辅助工具""汉语水平考试""汉语言研究"这5类免费的对外汉语教学资源进行了概括和介绍，为从事对外汉语教学的工作者及汉语学习者提供了参考。

以上学者的研究为汉语学习者和对外汉语教师查找学习资源提供了一些指导，但是也从侧面说明了目前对外汉语教学资源种类繁多，质量也良莠不齐，因此需要加以细心筛选、归纳，以有效利用其合理部分。且网络是瞬息万变的，网上教学资源也会不断更新，还需要加强对网络资源的重视，做好跟踪调研，切实高效地利用互联网资源。

四、对外汉语线上教学平台的发展趋势

（一）实用性

相比较传统课堂以语言点为主、实用性为辅的模式，网络平台开始逐渐摆脱早期辅助传统课堂的模式，而是更注重实用性，口语为主、书面语为辅；学习内容偏向生活化，针对不同的学习者使用不同的教学内容，以实际交流为最终目标。

（二）多平台相结合

由于 Skype 的通用性，早期的对外汉语网络教学平台在"实时授课"部分大都使用 Skype，然而，Skype 作为一款聊天通信工具拥有其自身的局限性，无法实现除了"授课"外的其他辅助功能；而对外汉语网站本身也具有自身的局限性，不能及时地全方位地随时随地地主动督促和帮助学习者。"唐风汉语"在运用网络教学平台的同时，在微信上推出了属于自己的公众号，学习者在离开网站后也可以随时随地地在微信上获得最新的资源，让汉语成为生活中不可缺少的一部分。

（三）市场定位精细化

从最早由学习者的汉语水平单一地将课程划分为"初级、中级、高级"，到现在开始由学习者的年龄、学习目的、学习动机等将课程精细地划分不同种类（如"商业汉语""旅游汉语""儿童课程""成人课程"等）。精细化的市场定位给了学习者更多的选择，可以同时满足学习者的不同需求，贴近学习者的学习目的从而让学习者更有动力，快速高效地完成学习者的学习目标，而数据也证明了未来的教学发展将会更加注重个性化。

第二节 疫情之下对外汉语线上教学的组织与实施

2020年年初，新型冠状病毒全球性爆发，面对社交隔离需求，教育部提出延期开学期间"停课不停学"的指导意见，号召各地各校整合教学资源，利用网络平台完成线上教学工作。受限于地域、技术、语言等诸多问题，对外汉语教学也面临着巨大挑战，广大教育工作者正不断探索更优化的线上教学模式。

一、疫情之下对外汉语线上教学的形式

目前线上教学主要有录播课和直播课两种形式。这两种形式各有优劣，具体到对外汉语教学中，我们可结合二者的优势，采用"直播为主 + 录播为辅"的形式。

（一）录播课

1. MOOC

（1）优点

①视频中穿插与课程相关的练习，可突出教学重点。②课程模板化，易于教学规范化。③可以与其他高校教学资源进行共享，便于学生自主学习。④收集学生学习与教师教学的数据进行分析反馈，便于教师改进和完善课程、学生自我调整学习方法与时间安排。

（2）缺点

①适合传授结构化的知识，对高阶思维能力、自主分布式学习能力的培养不足。②开放程度低于传统线下教学，且缺少与其他平台数据的交互。③数据显示，只有少部分学生坚持学习课程，平台对学生的监管不足。

2. 学习通

（1）优点

①需要学校认证，方便学校管理。②可以上传较多的教学资源。

（2）缺点

①易出现卡顿与闪退。②签到与上交作业时系统时常崩溃。

（二）直播课

1. QQ 群课堂

（1）优点

①QQ 使用者基数大，减少软件下载。②QQ 在文件共享和群管理方面较优越。

（2）缺点

①电脑版用户开闭麦无明显提示，可能影响教学。②手机版不能屏幕分享。

2. 腾讯会议

（1）优点

①疫情期间 APP 免费。②音质、画质较好。③手机版也支持屏幕分享。

（2）缺点

①每次上课学生需逐个进入，可能会延误课程。②没有文件共享功能。

3. 腾讯课堂

（1）优点

①学生可以通过链接快速进入课堂。②可设置"签到""举手"等操作进行互动。③语音互动需经教师端操作后方能发言，使课堂更有秩序。④不支持后台运行，提高学生听课质量。

（2）缺点

①流畅度在不同的时间存在差异，早晚流畅度较高，而使用人数较多的中午、下午流畅度则较低。②存在卡顿现象，其出现取决于教师授课的网络与学生接受的网络质量。③与其他可以直接开麦的软件相比，不方便师生间的交流和互动。④PPT 涂改会存留至下一张 PPT 上，操作较不方便。

二、以"综合汉语"为例的线上教学组织与实施

（一）课前准备

首先，我们要选择合适的平台。薛成龙（2020）分享了国外三所大学的线上教学实践和经验，这些国外大学的线上教学都开展得较早，并各具特色，在师生之间广泛应用。而国内的大学，线上教学还没有渗透得那么深入，一些高校的线上教学平台也仅限于展示精品课程和辅助教师做一些课程管理。

为了保证课程的顺利推进，教师需要去探索其他可用的平台。在江汉大学

国际教育学院 2020 年 3 月组织的关于在线教学平台选择的问卷调查中，有 295 人参与了调查，其中 83％的国际学生希望教师使用 Zoom 平台进行授课。Zoom 是一个将移动协作系统、多方云视频交互系统、在线会议系统三者结合的一站式交互视频技术服务平台，它具有登录便捷、使用稳定、自带视频录制等优势。也可选择国内类似功能平台，如"腾讯会议、钉钉"等（包括网站客户端和移动端）。除了教学平台，还需要选择其他的平台来辅助教学，比如我们选择了超星学习通 APP（以下简称"学习通"）来上传大容量的学习资料，选择微信群组作为即时沟通工具，选择问卷星作为在线考试平台。确定好平台后，教师就需要思考如何管理课堂，包括点名、互动、教学设计等。具体到每一门课程我们需要做四个方面的课前准备：提前几天录制好预习视频，上传至学习通 的资料里，同时也发送至微信群组里，确保每个学生都能看到；核查学生交作业的情况、质量如何，如有问题，上课时统一说明； 如果上节课进行过考试，要对考试情况有所了解；制作好当天随堂测试的问卷星在线试卷；制作好直播当天使用的 PPT 课件。

（二）课程直播

首先，问候学生，点名。其次，简单说明一下作业情况、考试情况。复习上节课学习的内容，PPT 上展示上节课学习的生词，省去拼音，打乱顺序，点 3～5 个学生朗读和释义。通过提问的方法，复习上节课学过的语言点。再次，导入本节新课的内容，通过提问来检查学生的预习情况。最后，开始学习新课，主要包括生词、语言点和课文三大部分。学习生词，通过不同的方法一一讲解，讲解时可通过提问让学生使用生词进行回答，也可以让学生用生词造句。生词学完以后，把所有生词列在一张 PPT 上，省去拼音，打乱顺序，点 3～5 名同学来读和释义，再加大难度，点同学用 3～5 个的生词组合起来说一段话，鼓励他们尽可能多地使用生词，比赛看谁生词用得又多又准确。语言点的学习包括讲和练两部分。讲解部分，教师通过熟悉的情景启发学生说出句子，和学生一起归纳总结语言点的结构，教师着重强调该语言点使用的要点、语体等。练习部分，设置看图说句子、完成句子等多种形式的练习让学生参与其中。课文学习，教师先领读，再点几组学生分角色朗读。通过提问，检测学生是否理解课文。逐句学习时，点同学来翻译。最后，总结课文。整个教学过程都是通过提问和回答来推动的，确保学生都在线。教师要对回答过问题的学生有所记录，对没有回答过问题的学生要提供机会，主动点他们，让他们也有一定的危机意识，也能更加投入，参与其中。

（三）随堂测试

每次课可以留 10 分钟进行随堂测试，对上节课或本节课的内容进行测试。由于问卷星的在线考试对于客观题的考察非常高效，因此可以通过考核生词的客观题来进行，比如要求学生在 10 分钟之内完成规定范围内 20 个生词的拼写，在他们提交完试卷后直接看到分数和错题，十分透明和便捷。

（四）布置作业

为了保证线上教学的效果，在直播课结束时要给学生布置作业，再在微信学习群里强调一遍，更新教学进度。作业最好同时布置在超星学习通 APP 和微信群组里。有超星学习通的同学可以直接在该 APP 里完成作业，教师只需要在截止时间前去查阅即可。对于注册超星学习通有问题的同学，可以直接通过微信或邮件发给教师。作业包括复习和预习两部分。对于本堂课已学的内容，布置抄写生词、读生词课文把录音发送至平台或教师、给出主观的情景任务让他们说或写句子的作业，这样的作业不仅能巩固所学的内容，还能确保是由学生本人完成，不容易作弊。对于预习的任务，录制了教学视频，在视频里对下次课要学习内容的话题进行了介绍，对生词和课文进行朗读和讲解，并布置预习任务，这相当于教师自制的录播课。这样做能将课堂传授知识前移，优化学习内容，引导学生自学，让他们从被动学习转化为主动学习。教师要监督任务的完成情况，定期去查阅来自超星、微信、邮箱等各个渠道的作业，进行批阅和记录。对没有上交作业的学生及时进行提醒和了解情况。

（五）课程考核

课程考核是检测教学效果的重要手段，能促使学生自主复习，巩固所学内容。

①平台的选择问卷星是大家熟知的问卷调查网站，它其实也可以设置在线考试。在考试的设置上有单独的时间设置选项。免费版只能设置整场考试的时间，而付费版可设置每一道题要求完成的时间和考试的整体时间。在设置考试试题时，对于客观题，可以设置相应的答案，学生提交后马上就可以看到自己的成绩、错题及相应的正确答案，非常透明和方便。对于对外汉语的考核，除了在问卷星上进行，还可以在直播课上直接通过提问、报听写等方式进行。对于主观情景类的作业，可以直接发在微信学习群里。

②考核形式和内容的设置为了保证学习效果，必须定期检测，包括随堂小测试和阶段性测试。如随堂的小测试，可以在问卷星每周设置生词的拼写题和

选择题，确保在有限的时间内完成，每次测试完教师要对学生的测试成绩进行记录；阶段性的考核，可每月通过问卷星或者微信群发消息的方式进行。

第三节　后疫情时代对外汉语教学的思考与转变

一、对外汉语线上教学中凸显的问题思考

虽然我们在对外汉语的线上教学上积累了一些经验，取得了一定成效，但现阶段仍浮现出不少问题。

（一）对学生的管控有限

有些学生只在点名时出现，然后把账号挂着，去做别的事情。更有甚者，不但不认真上课，还让其他同学帮助他蒙混过关，教师点到他回答问题时，帮助他的同学会私信告诉他马上上线，然后该同学就会以各种理由，如刚才网络情况不好等，来搪塞甚至欺骗教师。这种情况教师虽然可以通过反复的课堂互动和纪律强调缓解一下，但管控力度仍然十分有限。

（二）如何能更有效地进行考核

目前在线考试平台还不能很好地识别"替考"行为。问卷星的试卷发放在群里，虽然可以通过设置时间限制的方式约束学生，但学生在收到试卷以后可以分享给其他人帮他完成，比如发给他的中国朋友，让这个中国朋友填写他的名字和学号来答题，那么这个考试对于他而言就能轻而易举地拿到高分，但教师无法通过技术手段分辨出来。考试设置为开卷还是闭卷？对于汉语知识的考查，理论上是闭卷考试才更有说服性，但是在线上无法控制学生。若设置为开卷，如何设置考试时限、试题，如何避免作弊、判定作弊等都是教师面临的新问题。

（三）课堂上较难组织小组活动

由于学生遍布各地，上课时也都在手机或电脑前，较难在课堂上进行分组活动。一是学生们不在一起，分组不容易进行，就算分完组也没有同属于一个小组的归属感。再者，分组之后没有小组讨论的空间和平台，所有人一起在直播时讨论是不现实的，会导致课堂杂音太大，缺乏管控，出现混乱。

（四）教师整合各个平台数据的工作量大

为了保证教学的效果，我们需要结合使用多个平台。首先，要通过点名记载出勤情况，直播课时大量的课堂提问和回答情况最好也要记载，把出勤和互动表现情况进行核对，不仅能比对出真实的出勤情况，判断学生是否点完名就挂着机，也能了解每个学生的课堂表现。再次，测试成绩需要记载，要把学生每次考试的成绩整合到一个表里，问卷星里可以看单次的成绩，但是想要看某个学生几次测试成绩的横向对比，还是需要教师自己再单独统计出来。最后，作业情况需要记载，要把各个平台的作业收集起来，看完成情况及完成质量。以上这些各个环节全部都分散在不同的平台，而教师如果需要有一个全面的了解，就需要把这些数据全部整合起来，工作量非常大。

二、后疫情时代对外汉语教学的策略转变

开展高校对外汉语教学改革工作不仅符合国外留学生的根本利益，同时也是扩大对外汉语影响力的必然选择。对外汉语教学关乎我国未来的发展大计，所以我们必须要切实保障对外汉语教学质量，同时加大在高校对外汉语教学上的关注度，不断提升对外汉语教学的有效性和实效性，让更多的国外留学生享受到高质量的对外汉语教学服务，从而提高他们对教育教学的满意度和认可度。

（一）转换教学理念

为学而教、以学定教，由于师生处于物理空间分离的状态，更需要教师通过有效互动策略来提高学生学习的主动性和积极性，提升在场感、参与度。传统教学在大数据时代会发生翻天覆地的变化，是信息时代发展的趋势，谁先占领先机，谁先尽早掌握线上教学技术，谁就占领了汉语国际教育教学的主阵地。

（二）转变教学方式

外国留学生能高效率地学习并掌握汉语是课堂教学的目的。所以，有必要选择学生感兴趣的教学方式。国内高校对外汉语课堂教学方式比较单一，教学形式枯燥无味，教师每节课都是喋喋不休地讲课，缺乏与学生的互动，少量的互动对学生的积极学习帮助并不大。为了提高课堂教学效率，教师必须要打破当前的课堂教学局限性，通过改革教学方式增加课堂教学趣味性。一方面，教师要根据学生的实际需要将情景教学法、项目教学法、案例教学法与多媒体教学法有效地融合到一起，开创新的课堂教学模式；另一方面，教师要参考翻转

课堂教学模式，将对外汉语教学分成课上和课下两个部分，即课前要求学生自主学习，提前预习将要讲的内容，然后在课上讨论他们在自主学习过程中所遇到的问题，强化师生课堂互动。

（三）创新教学设计

教师是教学活动的组织者、引导者、合作者，更重要的是教学活动的设计者，设计好每堂课的教学程序，突出每堂课的教学重点是课堂高效的保证，要切实做到认真解读教材，优化教学方案，在寻找学生学习的重点上下功夫，在能提高学生的支撑点上下功夫，在激发学生主体的兴奋点上下功夫，就能为提高教学效率，打造高效课堂做准备。

（四）优化对外汉语教材

不同国家的留学生的汉语基础不同，因而教师必须采用不同的教学方法指导和满足班级学生的学习需求。对外汉语教材的编写过程中，编写人员必须认识到教材的覆盖面需要广博，内容多样，要提高编写教材的质量，不断对内容和编排方式进行创新，使汉语教学工作与时俱进。

（五）提升信息技术水平

网上教学要能熟练掌握网络平台的应用，除了教师必有的专业素养外，还要求教师具有一定的信息技术水平，这对于教师是新的挑战。针对不同国家的学生，希望教师能把不同国家的留学生的难点汇聚，然后使用大数据技术进行对比分析，从而为各国学生的难点问题解决提供参考与借鉴，也方便新入职的教师查阅和借鉴，相信随着信息技术水平的不断提升，汉语国际教育事业会发展得更好。

（六）构建高效的网络平台

方便和快捷的互联网，能够传递各种信息，达到资源共享的目的。为实现汉语国际教育教学模式的转变，可以利用网络信息技术，可以研制开发汉语国际教育的相关多媒体资源、多媒体教材以及多媒体课件等，将这些资源上传到汉语国际教育网站，以期来提升汉语国际教育教学的水平。专业建设者可以通过了解从业人员以及学生的需求来建设汉语国际教育教学网站，集中教学资源，统筹规划，建成全国乃至世界范围内的信息资源库。这个项目尚在建设中，我们应立志将其建设成国内中小学教学网站的水准，提高其影响力，促进世界范围内汉语的传播和发展，让汉语文化之花开遍世界各地。在建立了汉语国际教育教学网站之后，要对汉语教学资源语料以及学习资源库进行建设与完善，建设网站内的便捷搜索引擎，让师生能在里面找到自己最需要的教学资源，提高学习与教学水平。

当前，我国教育资源共享方面还不全面，导致许多人知道自己想要什么方面的资料，却没有合适的网站去搜索，为解决这一问题，我们应建设好资源库，并进行实时维护和更新。疫情期间，想要查找一些语料，发现一些语料库无人维护，登录不上系统，希望今后的汉语国际教育网络资源会变得更加完善，造福于每个对外汉语工作者，为他们提供便利的工作、学习条件。

（七）汉字教学中加入键盘输入

一直以来，关于要不要教手写汉字的争论从未停止。有些学者认为手写汉字不用教，现在写汉字的机会不多，中国人都在打字，没有必要让留学生学习汉字，这会给汉语学习增加难度；也有学者认为手写汉字必须教，而且是教学重点。原因在于汉语的同音字多，汉字的书写能帮助学生理解汉字，区分意义，而且汉字是汉语的"身份证"，不会写汉字何谈会汉语。中国人写汉字是使用汉字的过程，是将汉字作为工具，而留学生学写汉字是认识汉字、记忆汉字的过程，因此汉字键盘输入和手写的学习都很必要。在线上汉语教学中，应该把汉字的手写教学和键盘输入教学结合起来。在教授手写汉字时可以采用教师示范和播放笔顺动画等形式。教授键盘输入汉字时教师可以播放事先录制好的示范视频，再加上课堂演示。键盘输入能够帮助学生查阅资料、填写信息、快速进行沟通交流、识记字词等。教师也可以适当留一些打字训练形式的作业。

（八）作业、课堂活动要有多样性

汉语教师应尽量多设计一些操作性强的课堂活动，不要总是设置单一的以做题为主的作业形式。考虑到学生缺失汉语的语言环境，教师应该适度增加一些口语和听力作　业。在网络环境允许的情况下，教师可以采用翻转课堂这一教学模式，在课上开展辩论赛、主题演讲、文化对比与展示、汇报问卷调查或街边采访结果等作业形式。如果学生的网络条件不好，可以让学生在课前录制好视频，在课上进行播放，也可以多设置一些同学间互评作业的环节。形式丰富多样又适合网络教学的作业会让学生对每一堂汉语课充满期待，能大力提升学习效果。

（九）学生应树立良好的学习态度

努力适应新型汉语教学，对自己做出要求，不应以网络授课困难多作为逃避学习的借口。越是遇到阻碍，越应勇往直前，不要自我放弃，要有自主学习的意识。网络授课给学生提供了一个绝佳的培养个人学习习惯和提升个人学习能力的机会。网上学习资源丰富，要善于利用。更要注意多与老师沟通互动，汇报学习成果，师生共同努力才能迅速提升教学效果。

（十）教师应灵活选择教材和考试形式

线上课程的汉语教材应灵活多变，教师可以不拘泥于课本，选择一些新时代背景下内容合适的汉语教材。形式可以是新版的电子教材、电子报刊、纪录片、访问视频等。内容可以是时事热点、习俗文化、当代中国等。合理地选用教材能让汉语教学更加有效，也能增添趣味性。期末考试的形式应该进行调整，传统试卷形式的考试不再适用于线上汉语教学。有一些学校直接取消了期末考试，将平时成绩列为期末考核的标准。教师可以选择将期末考试设置为分阶段的小测试，检验学生各个阶段的掌握情况，以便随时调整教学计划，也可以根据学生学习汉语的不同阶段将试卷形式改为口语形式或写作形式。

（十一）提高教学内容质量和教师教学能力

教学能力及职业道德素养方面对授课教师更高的要求，在选择教学内容时要充分考虑其实用性，不仅要看到教材的重要性，更应认识到其局限性。为此，首先学校要加强对教师的培养培训，并要求对外汉语教师对当前国内外语言发展形势进行调查研究，确保他们在选择教学内容时更有针对性；其次，对外汉语教师要有"活到老学到老"的学习意识，既要把自己当成是一名教师，同时还要把自己看成是一个学生，奉行终身学习的原则，不断提高自己的教学能力，为更好地服务学生做好准备。除此以外，授课教师和外国留学生的多交流，能够更及时地了解学生对教学工作的看法。

（十二）教师应对自己高标准、严要求，更要注意调整心态

新时代的对外汉语教师要与时俱进，不断完善个人学术能力和教学水平，努力学习先进的科学技术，让海量线上教学资源和教学软件更好地为对外汉语课堂服务。教师应深入钻研学术，用更先进的知识、更科学的教学理念进行线上汉语教学，尤其是在教授初级阶段的留学生时，解决语音问题是第一要务，教师只一味地采取模仿法让学生跟读的纠音效果不佳。教师应深入挖掘其偏误

成因，选择更合适的教学策略，如可以利用现今较为成熟的语音语料库"口音汉语在线"（Global Accent Chinese）作为教学辅助材料。

未来线上对外汉语教学将会成为"新常态"，汉语教师应努力适应这一教学方式的改变。在线上授课的过程中要考虑到客观因素的影响，应具有包容性。对于学生发言中的错误不要逢错必究，可以适度采取"小错不纠、中错可纠可不纠，大错必纠"的方案，当然关于错误程度这一点要靠教师自己把握。对待学生要以鼓励为主，不要打击学生的学习热情和自信心，要对自身的汉语教学事业充满热情，注意调整个人心态。

随着互联网技术与移动设备的更新迭代，近年来越来越多教育平台线上教学模式，新冠疫情期间全国乃至全球范围的网课推广，更是推进线上教学的发展。线上教学是新时代背景下对教学方式探索与创新，它打破了时空局限，整合优势教学资源，在某种意义上推动着教育最大化的进程。

随着中国国际影响力的提高，对外汉语教育的重要性也逐渐显现。经过新冠疫情背景下的教学实践，线上教学发挥了不可替代的作用，普及线上教学模式或将是日后应对突发公共事件的良策。在未来的教学改革中，也不乏成为常态化的可能。跳出疫情背景，对外汉语教学长期面临着教学的错位与落差，师资还是生源主要集中于经济条件较好的国家与城市，偏远地区与落后国家则长期面临着教育资源分配不均的问题。对外汉语线上教学正是当下较为理想的解决方案，它能够有效促进教学资源的优化配置，缓解师资的区域不平衡性，为汉语学习者提供更好的条件。

参考文献

[1] 范丽莉，刘宇，李松梅 . 对外汉语教学理论与实践研究 [M]. 长春：吉林大学出版社，2012.

[2] 魏海平，李步军，王川 . 对外汉语教学课程设置及教材使用现状研究 [M]. 成都：四川大学出版社，2013.

[3] 孙德金 . 对外汉语教学课程论 [M]. 北京：商务印书馆，2014.

[4] 向平 . 对外汉语教学的实践认知 [M]. 武汉：华中师范大学出版社，2014.

[5] 唐智芳 . 文化视域下的对外汉语教学研究 [M]. 长沙：湖南师范大学出版社，2014.

[6] 傅佳，王宇 . 国际汉语教学组织与课堂管理 [M]. 长春：东北师范大学出版社，2015.

[7] 韩瑞芳，张孟晋 . 国际汉语教学方法 [M]. 长春：东北师范大学出版社，2015.

[8] 杨恬 . 跨文化适应与对外汉语教学研究 [M]. 成都：四川大学出版社，2015.

[9] 邵华 . 对外汉语教学概论 [M]. 成都：电子科技大学出版社，2016.

[10] 周新玲 . 词语搭配研究与对外汉语教学 [M]. 上海：上海大学出版社，2016.

[11] 宋雨涵 . 对外汉语教学理论研究 [M]. 北京：北京工业大学出版社，2016.

[12] 李韵 . 面向对外汉语教学的广义委婉语研究 [M]. 成都：四川大学出版社，2016.

[13] 冯冬梅 . 对外汉语教学中的思维导图实践与创新 [M]. 成都：四川大学出版社，2017.

[14] 陈晓宁 . 立足于对外汉语教学的类推研究 [M]. 北京：科学技术文献出版

社，2017.

[15] 张颖，赵艳梅，雷敏．现代汉语量词研究与对外汉语教学［M］.成都：四川大学出版社，2017.

[16] 罗艺雪，徐亮，李月炯．面向对外汉语教学的称谓语研究［M］.成都：四川大学出版社，2018.

[17] 陈莉，李现乐，颜明．国际汉语教学案例典型问题评析［M］.苏州：苏州大学出版社，2018.

[18] 邱睿等．电视节目与对外汉语教学研究［M］.杭州：浙江大学出版社，2019.

[19] 李华．汉字与对外汉语教学［M］.北京：民族出版社，2019.

[20] 马莹．对外汉语教学创新研究［M］.哈尔滨：哈尔滨工业大学出版社，2019.

[21] 乐守红．中国传统文化传播与对外汉语教学［M］.长春：吉林人民出版社，2019.

[22] 王惠莲．对外汉语教学方法与教学模式的创新实践［M］.长春：东北师范大学出版社，2020.

[23] 何婷婷．二语习得理论在对外汉语课堂教学中的应用研究［J］.校园英语，2020（36）：16-17.

[24] 陈思瑢．对外汉语听力技能教学探讨［J］.文教资料，2020（25）：211-212.

[25] 梅倩．对外汉语教学中融入语言文化因素的教学策略［J］.文学教育（上），2020（08）：149-151.

[26] 李叶．浅析对外汉语词汇教学［J］.长江丛刊，2020（22）：81-82.

[27] 于冰洁．浅论对外汉语教学中的中国文化融入内容及策略［J］.科学大众（科学教育），2020（07）：124-125+163.

[28] 梅倩．对外汉语教学中融入语言文化因素的教学策略［J］.文学教育（上），2020（08）：149-151.

[29] 韩欣楠，陈佳尔，于蓝婷．浅论疫情期间对外汉语线上教学［J］.文学教育（上），2020（08）：164-165.

[30] 杨津津．微信在对外汉语教学中的应用分析［J］.大众文艺，2020（15）：193-194.

[31] 于冰洁．浅论对外汉语教学中的中国文化融入内容及策略［J］.科学大众（科学教育），2020（07）：124-125+163.

[32] 崔永华．对外汉语教学的目标是培养汉语跨文化交际能力 [J]．语言教学与研究，2020（04）：25-36.

[33] 何结诗．在线对外汉语教学中存在句的课堂活动设计 [J]．中国新通信，\ 2020，22(16)：180.

[34] 倪晓丰，王立军．探究新媒体与对外汉语教学中文化教学的融合 [J]．汉江师范学院学报，2020，40（03）：115-120.

[35] 隋桂杰．"互联网＋教育"背景下的对外汉语教学实践研究 [J]．中国培训，2020（06）：64-65.

[36] 任雨萌，赵淑梅．后疫情时代对外汉语教学的思考与转变 [J]．辽宁教育行政学院学报，2020，37（06）：78-82.

[37] 郭晔丹，郭晔远，王丽萍．核心价值在对外汉语教学中的意义及路径 [J]．文学教育（下），2020(06)：80-81.

[38] "新冠疫情下的汉语国际教育：挑战与对策"大家谈（下）[J]．语言教学与研究，2020，（05）：1-16.

[39] 王凤丽．对外汉语不同课型教学中的文化传播探析 [J]．汉字文化，2020(12)：68-70.

[40] 张丽莉．任务型教学法在对外汉语教学中的应用研究 [J]．才智，2020(18)：49.

[41] 赵倚墨．翻转课堂教学模式在对外汉语综合课中的运用研究 [J]．黑龙江教师发展学院学报，2020，39(06)：63-65.

[42] 史若琛．多媒体技术在对外汉语教学中的应用分析 [J]．信息记录材料，2020，21(06)：123-125.

[43] 楼兰．对外汉语教学中的汉字教学策略研究 [J]．福建广播电视大学学报，2020(02)：22-25.

[44] 何心．对外汉语教学中的课堂突发话题以及策略分析 [J]．吉林省教育学院学报，2020，36(02)：125-128.

[45] 郭晔丹，郭晔远．"一带一路"背景下对外汉语跨文化教学策略研究 [J]．教育教学论坛，2020(05)：1-2.

[46] 王丽媛．融媒体背景下对外汉语课堂教学创新探究 [J]．教育现代化，2020，7(34)：83-86.

[47] "新冠疫情对国际中文教育影响形势研判会"观点汇辑 [J]．世界汉语教学，2020，34（04）：435-450.

［48］郭璞．对外汉语口语网络直播教学探析［J］．大众文艺，2019（19）：216-217．

［49］皋苏文．对外汉语教学中语音教学的问题与举措［J］．科教导刊（上旬刊），2017（06）：102-103．